U0141170

# 學習NLP獲得自己想要的人生

　　親愛的朋友，大家好，我是葉祐寧，英文名字是Ivy，也可以叫我艾薇老師。

　　我們最大的限制，不是想要卻做不到，而是從沒想過自己做得到。現在，該是學習改變思考角度的技巧，改寫自己人生故事的時候了！

　　我的夢想清單之中，一直有「出書」這個清單，但我總是給自己很多藉口：我太忙了，不急，以後再說。甚至總覺得，我要出我擅長的網路行銷或是自媒體的書籍，但是坊間已有很多這方面的書籍。所以我一直找不到出書的感覺跟動力！

　　感謝王天晴博士讓我了解到，出書不一定要出自己擅長的書。如果能挑戰自我，從小白到專業，那才是厲害呢！一直有人跟我說，我適合走身心靈這條路，還有人說，我自帶天命，要服務眾人。所以，我去上過很多這方面的課程，但總是覺得找不到那份想認真學習的感覺。學完後，更沒有分享的欲望！但對於NLP知識與應用我一直是非常有感覺，而且越用越有心得，非常想把我所學會的，分享給更多的有緣人，於是就有了這本書的誕生！

　　NLP這門學問，真的非常強大。

　　僅以本書，獻給有緣的讀者們。希望大家除了看完這本書，還能親自去實踐書裡的方法，進而真正的達成，富足豐盛的幸福人生！祝福大家~

葉祐寧
Ivy 艾薇

**[推薦序]**

## 第一章 揭開人類溝通的密碼NLP

# 1-5 心錨讓你遠離負面情緒

## 什麼是心錨（Anchor）？

NLP中的心錨（Anchor）是一種改變內心狀態的行為技術，它利用條件反射（conditioning）來運作。它是一項很有威力的技巧，能夠幫助你建立習慣、調整身心靈狀態。

舉例來說，你可以試著每天跑步二十分鐘，在這二十分鐘內，你用手機重複播放同一首歌，建議要搭配輕快、激勵人心的音樂，這會讓你感到輕鬆愉快。這樣的動作持續幾天，每當你開始跑步，就重複播放這首歌。過幾天後，由於你連續幾天都重複播放這首歌，這首歌的音樂與旋律逐漸與你跑步時愉快的身心狀態連結在一起。此後，就算你沒在跑步，只要播放這首歌，就能夠立刻喚起你在跑步時的感覺，你會感覺到非常輕鬆愉快！這就是「心錨」的建立。

### 建立習慣

透過「心錨」，還可以幫助你建立早起的習慣，你只需要將原本鬧鐘的鈴聲，換成這首歌，每天早上設定的時間一到自動播放，就算你仍然很想睡覺，但一聽到這首歌，就能讓你的身體立即回想到你跑步的狀態，因為輕鬆愉快，所以會讓你精神為之一振。

再舉一個「心錨」的例子：

小朋友通常都很害怕看醫生，但如果診所的醫生看完病之後，會給小朋友糖果或是小玩具，讓小朋友感到開心，看醫生可以與開心的感覺連結。如此重複幾次之後，他就會記住那種快樂的感覺，也就是種下了一個「心錨」：「看醫生，並不可怕，甚至可以是開心的！」

## ◎ 改變心情

心錨除了能用來建立好的習慣與行為模式之外，還能立即改變你的心情。

舉例來說，每當你心情愉快的時候，鼓掌三下，重複十次左右，鼓掌的時機點都是在你很快樂的時候，這樣能夠讓鼓掌三次與你快樂的感覺連結在一起，這也是運用「心錨」的方式之一。

當下次心情沮喪時，只要鼓掌三次，就能立刻幫助你聯想到你快樂時的感覺，不快樂的心情就會跟著降低，甚至消失。

## ◎ 五感心錨

心錨可以分為視覺、聽覺、嗅覺、味覺及觸覺這五感心錨：

★ 視覺心錨：例如看到老照片會想起某人，看到媽媽送的禮物會想到媽媽。

★ 聽覺心錨：例如聽到某些音樂會開心或難過。

★ 嗅覺心錨：例如聞到香水想到初戀。

★ 味覺心錨：例如吃到某個古早味料理，想到阿嬤私房菜的味道。

★ 觸覺心錨：例如拍肩膀，讓對方放鬆、安心。

心錨還可以用來克服上台的緊張感，你試著找一首能讓你情緒高昂

的音樂，每次要上台前先播放這首音樂，讓自己將上台與高昂的情緒連結在一起，重複幾次之後，你在上台前只要聽到這首音樂，情緒就會高昂，不再緊張。

心錨還可以化解你「不喜歡、害怕」的事情。

比如，你害怕打電話給陌生人，因為你很容易緊張，這時你先想想，打電話給誰時，你一點也不緊張、不害怕（比如女兒），然後把這個不緊張、不害怕的情緒和打電話連結。當你要打電話時，想像你打電話給女兒那種不害怕的感覺，重複幾次之後，就不會再害怕打電話給陌生人或不熟悉的人了。

### ◎ 化解負面情緒

心錨還可以用在負面情緒的化解，這部分有很多種方法，以下舉一個簡單的例子。

**第一部分：**

▶ **步驟一**：你先想一件很快樂的事情。

▶ **步驟二**：找一個讓你感到快樂的音樂。

（這很重要，這個音樂一定要是能讓你心情愉悅的，如果不是，請一直找，直到找到讓你感到心情愉悅的音樂。）

▶ **步驟三**：想著快樂的事情，並同時播放這首讓你感到快樂的音樂，將快樂的情緒與這首音樂建立起「快樂」的「聽覺心錨」。

**第二部分：**

▶ **步驟一**：當你遇到或感覺有負面情緒時，請播放第一部分讓你感到快樂的音樂。

▶ **步驟二**：此時，你將會感覺到快樂！

以上的操作步驟，要多做幾次。

當我們透過聽覺心錨練習時，其實是在為自己建立一個情緒的「開關」。這種方法的用意是將快樂的情緒與特定的音樂連結，讓我們在需要時可以快速調節自己的情緒，進而幫助我們應對生活中的困難與壓力。每當不開心或感到低落時，播放這首歌不僅能喚起過去的快樂記憶，也可以讓我們的身心自動進入更放鬆、積極的狀態。這不僅是一種簡單而有效的情緒管理方式，更是對自我照顧的一種實踐，讓我們能夠隨時重拾對生活的掌控感。

當你遇到或想到負面的事情時，可以運用「聽覺心錨」，讓你的情緒回到快樂的感覺！

讓我們一直處在快樂、正面的情緒中吧！

觀分析，選擇更適合自己的解決方法。

有聽過「最好的，不見得最適合你；最適合你的，才是最好的」這句名言嗎？道理就是這麼簡單。

若要避免太過主觀地評斷自己，你也可以藉由他人對你的客觀印象來進行自我分析：

# 從他人對你的印象開始

## 認識多年的老朋友

這類型的人，因為與你交心的時間長，所以自然會對你有較深的「體會」，能提供給你非常精準、中肯的資訊，一般都會對你的優點敘述地較為詳盡，因此盡可能地去詢問關於自己缺點的那一面，例如你過於謹慎小心，或是過度情緒化等等。

## 相較年長的朋友

在此需注意的是，親戚朋友或者父母親並不在此列，主要是因為立場上的不同，家人親友多半會給予較保守，同時又過度直接的評論，且習慣要求晚輩單方面的服從，因此你可以適當地詢問較為年長的朋友，例如職場上的同事，又或者是與你有持續聯絡的學校老師，要注意的是，對方的立場要能夠足夠客觀，且被你所信任。

## 剛認識你不久的朋友

新朋友所提供的資訊可幫助你了解，當你在面對一段新關係的開展時，所表現出來的態度是如何的？與你認知的真實自己的差異是否過

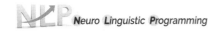
多？或者是表現出來的外在印象，並不如你的預期？

## 刪去法：你不想成為什麼樣的人？

當你無法為自己下一個定位的時候，可以使用「刪去法」，就像在寫選擇題，我們會先刪去不可能的選項之後，再來猜出答案的道理一樣，至少更接近答對的機率了。

如何「刪去」，其實也是一種學問。當要列出你不喜歡的行為舉止或是各種類型的人時，你總能洋洋灑灑地寫出一長串，這使得許多事情在運用刪去法後便能變得簡單許多。

反向思考，你可以想想自己該如何避免成為某種人？例如虛度過日是因為沒有明確的人生目標，EQ差則是認為都是別人經常犯錯的緣故等等。

接著，開始對自己進行「微調」，例如訂立短期目標與長期目標，思考有哪些方法可以兩全其美，不斷地進行刪去這個動作，就能產生顯著的改正效果。

## 不自省，就無法做出正確的決策

如果一個人不能全面地了解自己，就會給自己帶來很多不必要的麻煩，更會因為無法做出正確的決策，而造成人生規劃中的莫大損失。因為人無完人，每個人都會存在著缺點。就如美國革命時期重要領導人富蘭克林（Benjamin Franklin）所說：「我的一生都在努力改正自己的缺點與改進國家的政策。」

當富蘭克林談到自己如何改正缺點時，他說，少年時的他是個狂妄的人，有一天他突然想到——「再這樣任性下去，又怎能讓別人願意幫助我達成我的夢想呢？」他覺得，若要那麼做，一定得先改掉自己人格上的缺點才行。

於是他將自己的不良習慣、不受他人喜歡的個性，一一寫在牆壁上，例如：喜好爭辯、不守時、沒耐性、過於執著、自私、常說歪理、沒有寬恕的雅量、愛計較等等，共有幾十項之多，他下定決心要逐漸改掉這些缺點與惡習。因此每天都會看一次這些寫在牆壁上的缺點，同時注意自己的言行舉止，一旦有改進，就將缺點從牆壁上劃掉。

經過一段時間，他整個人改變了不少，轉變為和藹可親的性格，漸漸受到廣大群眾的歡迎，最終甚至順利當上美國總統。此舉「自省與改正」，可謂是功不可沒。

多數人出了錯就習慣責怪別人，卻永遠看不見自己的缺點，其實在這種時候，聰明人會自省，用檢測別人的標準來看待自己，而一個懂得檢討自己、持續改正自己的人，才能逐漸增加並發揮自己的優勢。

## ◎ 世上沒有完美無缺的方法

有個畫家畫了一幅自認已經很完美的畫作，為了知道自己的畫還有哪些不足，他決定將畫放在地下室的通道旁展出，旁邊還放了一支筆，並寫上：「若您認為此畫有欠佳之處，請在畫作上做記號。」

當天晚上，畫家前去取畫的時候，發現整張畫竟然都被做滿了記號，他心裡感到十分不快。

第二天，清洗了畫作上的記號之後，他決定換一種方式嘗試。

他依然把畫放在地下室的通道旁，但是他重寫了句子，他請路人將

畫作上自己喜歡的地方做出記號,當天晚上,他前來取貨的時候,昨天被批評的地方竟然都被畫上了喜愛的符號。

其實,畫家筆下的那幅畫作,就像是每一個人的個性,無論我們做了什麼,總會有人覺得不滿意、不喜歡,但其實我們只要讓「關鍵人物」滿意就行了,這就是關鍵所在,因為即便是在某些人眼中看來很棒的事,在另外一群人眼裡,也可能是令人厭惡的。

我們不可能做到讓每一個人都滿意,如果你總是違背自己的意願去逢迎他人,那只會讓人感受到你的不真誠。

## ◎ 發揮潛能,「擅長」才是根本

對多數的事情,只有喜歡是遠遠不夠的,所謂的興趣廣泛當然很好,但是並非所有的興趣都是你擅長的,只有去做最擅長的事情,才能夠發揮自己的潛能。

從很多富豪致富的過程當中都能發現,一個人的成就來自於他對自己所擅長工作的專注與投入,並且樂在其中,如此才能事半功倍,採收最甜美的果實。

從心理學來說,你必須傾聽身體內在發出的訊息,因為「先有察覺,才能覺醒」。在許多故事裡,多數的主角都會在心理或生理上經歷困境與痛苦,在過程當中因各種經歷和磨練而成熟茁壯,等到最後回到內在自我時,不但能成功地順利解決當初的痛苦,更重要的是能在自我發現的歷程之中,了解自我的角色與意義。這就像船隻有了方向,故能隨遇而安,你

起家的模式，一樣的努力，一樣的技術，現在你可以開一間一模一樣的模具工廠，還能打造出全球最大的代工廠嗎？

　　許多名人的成功，多數都是當年時空背景下的運氣與努力造就的，當然自身的實力與技術也是必須的，可以肯定的是，這絕對不是單靠你在學會了一種技術，讀懂了一種心法，或者是靠著你每天努力不懈地練習，就能完全複製成功的。

　　無論是什麼成功心法，還是江湖招式，都是無法持續發揮效用的，因為世界不停地在改變，就算真的有效，那也只是在當時的「時空背景之下」才受用，你我都必須跟著世界的腳步不斷去修正路線，才是成功之途。

　　擁有無限的情報，就擁有無限發展的可能。你的情報站來自人際關係網，因為「人緣有多少，情報就有多廣」。記住，你在公司工作的最大收穫，不只你賺了多少錢，累積了多少經驗，更重要的還有你「認識了多少人」、「結識了多少朋友」、「累積了多少人脈資源」。這種人脈資源不僅對你現在的工作有用，對你「以後的工作」也能發揮作用，能成為你人生最大資源之一，現在就用心挖掘吧。

# 2-5 離開舒適圈，助你加速成長

## 「舒適」，但也「封閉」

人生有諸多選擇，讓我們最為困惑的，不是選擇走哪條路，而是當走在某條路上時，我們不知道、也不肯定我們的腳是否走在了光明的路上。因此，我們依然會不時地顧盼其他路途上的旅客，用他們走過的每一個腳印的深淺，和自身的比較，用他們暫時得到的成就與利益，和自己的相斟酌。

但是你通常會發現，在他們之中，你可能不會是過得最好的那一個，但也不會是最差的那一個。

當然，每個人都希望擁有和諧快樂的人生，沒有任何讓自己苦惱的事情，並能長久地維持這樣的生活，但這必須端看很多因素，其中最關鍵的還是在於我們的心態。

如果我們封閉自己的心，眼光只侷限在現有的生活圈裡，那麼無論是解決問題的能力，還是達成個人目標的能力，兩者都無法得到實際的提升，只有當我們願意跨出自己的舒適圈時，才能藉由各種種種的「不舒適」打開自己的眼界，逐步成長。

#  嘗試走出「舒適圈」

我們總是會找好「藉口」地說：「我先好好工作幾年，等我賺夠錢之後再去旅行（可代入結婚、買房子、出國留學等等）。但是，等我們擁有了穩定的工作後，通常就會安於當下的生活模式，許多原本準備去做的事，也都會因為需要固定的薪水，「付給」自己安全感與成就感而延後。想做的事，最終大多會因「種種條件」還未滿足而放棄。

到最後，我們「準備」了大半輩子的「錢」和「時間」，才發現自己還是站在原點。因此，阿里巴巴集團創始人馬雲才會說：「中國很多年輕人是晚上想千條路，早上起床走原路。」

前述的「舒適圈」理論，意思是形容我們每個人都生活在一個習慣的圈子裡，這圈子裡有我們再熟悉不過的環境、有認識的人、做自己本來就會做的事，所以我們覺得很輕鬆，生活很無害。但是如果我們踏出這個圈子，就必須要面對不熟悉的人事物。例如認識新朋友、轉行、出國留學等等，會因為不熟悉而覺得擔心、害怕，於是就想再回到舒適圈裡。這就說明了很多時候，為什麼我們會說「不要」，而不是說「好」。為此，我們每個人是否都必須去嘗試踏出舒適圈呢？

##  找對定位，而非定型

個人定位，是對自己所下的論斷或評價，這需要你找到個人的天賦或興趣，與大環境做最好的結合；而定型是指人事物的外觀、特色逐漸形成，且固定下來不會改變，這就像是把你困在一個有許多限制的框架裡。無論你做任何事，都跳脫、離開不了這個框架。

定型在這社會上到處都是，但是對人生有益且真正重要的個人定位卻遺漏了，許多年輕人經常處在一個「不知道自己要做什麼」的狀態當，也許他戀愛了、工作了、結婚了，但還是覺得自己對什麼事都提不起勁，人生還沒有最好的「定位」，卻已經有不少的「定型」。

年輕人經常處於對生活、對感情、對工作茫然的時期，但這是人生中不可缺少的過程，對未來會有相當大的影響。因此，我們必須清楚知道自己想要什麼、願意做什麼、能夠做什麼，因為被「定位」並不可怕，可怕的是，我們在年輕的時候就被他人和社會「定型」！

### ◎ 展現脆弱，面對恐懼

休士頓大學教授布芮尼・布朗（Casandra Bren Brown）博士認為，「脆弱」是面對風險和不確定時，產生的恐懼和不安全感。然而脆弱是人的本性，也是所有創造力和潛能的核心，在脆弱的當下，反而能激發人性最強大的力量。

一般社會都傾向於強勢，認為脆弱是一種無能的象徵，但是脆弱每個人都會有，例如：在課堂上或是開會提出自己的想法時，害怕被否定；想要自己出來創業當老闆，擔心血本無歸，這種害怕失敗、害怕自己沒有實力的恐懼，也是一種阻礙了自己與社會進步的力量。如果每個人都在關鍵時刻被脆弱打敗，那麼人類不會進步到現今的程度。

若要想踏出舒適圈，試著大方展露自己的脆弱，廣納各方的意見，「逼」自己去面對恐懼，成長必是一條不遠之路。

### ◎ 找到對的問題，包容失敗

政大創新與創造力中心溫肇東受訪時曾說：「扼殺創意的幕後推手，

其實就是老師。」他表示，因為老師往往習於既有的教學方式，再加上自身知識有限，因此容易成為學生創意發揮過程中意外的干擾和限制。

「老師應該不只是回答問題，而是要想辦法找到對的問題。」他認為，老師不僅要鼓勵學生發問，自己也要提出各種問題，即使自己不知道正確答案也可以。此外，老師一定要能包容學生的失敗，鼓勵各種不同的想法，才能幫助學生走出舒適圈，不只是學生，這在企業當中也是相當受用的自我成長方法。因為找到對的問題，才能找正確答案。

## ◎ 改善問題也是一種非舒適圈

改善問題是一種「創新」，別將自己侷限在框架裡。舉例來說，即便是公司裡的行政文職，在作業流程上也有許多可以改善的空間。只要你能對自己的工作提出改善的方法，找到更好的方法，不墨守成規，就是一種使你成長的「非舒適圈」。

記得，改變不只是「不舒適」而已，更是你我的生存之道，因為如果我們一直逃避問題，就永遠不會知道自己的潛力有多無窮。

## ◎ 故意去實行自己不熟悉的事物

《有錢人想的和你不一樣》一書中，作者哈福・艾克（T. Harv Eker）對於走出舒適圈的建議有：「你需要練習去走出你的日常舒適圈，故意做一些會讓你感到不舒服的各種決定。」

例如，主動和一些你平常不會交談的人說話、找老闆談加薪，或者是提高你的顧問價格、每天提早一個小時起床、晚上去小學校園裡跑步等等，雖然這些都並非你平常會做的事，但做了，就會有一些自我改變與收穫。

**這樣做最關鍵**

　　找一件自己討厭的事情，然後閉上眼睛，想像一下平常的自己是怎麼去避開這些事情的，然後想像自己正浸泡在「溫水」裡（溫水澡能讓人想像回到了母親的子宮裡，它能以一種溫柔的方式使我們失去對外界的感受能力），想像一下自己在這樣的空間裡，還會抱持著什麼樣的目標夢想呢？這樣的想像並不困難，我們不必顧慮他人的眼光，也不必考慮自己有太多的事情想逃避，因為你唯一要關注的，只有面對你自己的懦弱。

　　這樣的想像練習其實是一種與內心深處對話的方式。在溫暖而包容的環境中，我們能夠放下對現實的抗拒，真正去傾聽自己的聲音。當我們不再被外界的壓力和他人的期望所左右時，便可以看見最真實的自己——那個渴望追求夢想、卻又因恐懼而躊躇不前的自己。

　　在這樣的狀態下，試著去觀察自己的懦弱，它並不是你的敵人，而是一面鏡子，反映出你內心未曾被解開的結。問問自己，為什麼會想要逃避？是害怕失敗，還是害怕被否定？又或者，是因為過去的經歷讓你對某些事情失去了信心？這些問題或許無法立即得到答案，但它們能引導你去認識那些深藏在心底的情緒與恐懼。

# 2-6 良性刺激：主動親近優秀的人

## 選擇你身邊的人

在社會上，每個人都是獨立的個體，資質也大有不同，但總會有一些人，他們通常喜歡以自己的標準去評斷他人，以自己的世界排除他人的世界，如果發現自己某方面明顯輸給了別人，心裡就會不舒服、不甘心，因而產生嫉妒心。

當自己碰上了難以解決的麻煩，也「打死」不願意「求救」，甚至會刻意逃避那些比自己優秀的人，順帶在背後說幾句壞話，想透過貶低對方以抬高自己，顯現自己的優秀。雖然這是可理解的人性「黑暗面」，但卻會讓自己錯失不少學習的機會。

然而，和誰在一起的確很重要，這能改變我們的成長軌跡，嚴重一點可以影響人生的走向，因為和什麼樣的人在一起，就會有什麼樣的人生。和勤奮的人在一起，你不會懶惰；和積極的人在一起，你不會消沉；與智者同行，你會不同凡響；與高人為伍，你就能登上巔峰。

How to do ～ 怎麼做？

### 遠離消極，親近積極

遠離消極的人，他們會在不知不覺中偷走你的夢想、偷走你的時

間、偷走你的人生，使你漸漸頹廢。因為消極的人像月亮，初一、十五不一樣；而積極的人像太陽，走到哪裡照亮哪裡。

因為態度決定一切，你有什麼態度，就有著什麼樣的未來，因為性格決定命運，有什麼樣的性格就會有怎樣的人生。也因為和不同特質的人在一起，你將會走向截然不同的人生。

## ◎ 找到正確對象，模仿與學習

我們經歷過模仿與學習的年少時期，而那些榜樣多半是有著傑出貢獻的人物，因此熱忱也往往因為和他距離過遠而慢慢消退。其實，你的榜樣不一定要是鼎鼎大名的人物，他可以是你的老師，也可以是你周遭的長輩，這些人都可以是你學習的對象。

例如，你羨慕某位朋友永遠精力充沛、工作熱情，更有著幸福美滿的家庭，那些有你期盼的優點的人，都可以成為你學習與模仿的目標，你能在學習他的過程之中，自然而然地改變你原先的表現，圓滿你的處世原則。

發現別人的優點，把它轉化成為自己的優點，你就能變成聰明人；善於把握人生的機遇，並把它轉化為自己的機遇，你就能成為成功者。

## ◎ 明智判斷，並非別人的就是最好

一個人「行」與「不行」。取決於我們用什麼標準來衡量，以及拿什麼的人標準來衡量。每個人都應該有這樣的認知，你既不卑微，也絕非高貴，你就是你，充滿著獨特個性的你。

有個富翁去海邊度假，到了黃昏，他在沙灘上散步時。看到一個年輕的漁夫躺在沙灘上曬太陽。富翁心想，這年輕的漁夫浪費了大好時

光，便對他說：「這麼好的機會，你為什麼不用來捕魚呢？」

漁夫聽了便睜開眼睛說：「為什麼？」富翁回答：「你抓緊時間補魚，就可以賺到更多的錢，就可以換更大的漁船，把自己的生意做得更大。」「那又怎樣？」漁夫漫不經心地問。「這樣你就可以買一間大房子，每年可以去各個國家度假，在海灘上看風景。」富翁回答。「那你以為我現在在做什麼？」漁夫的反問讓富翁啞口無言。

富翁的錯在於將自己的意識與觀念強加於人，而漁夫的明智就在於他並沒有以他人的標準來看待自己的人生。每個人都是獨一無二的，不要總是認為別人的就是最好的，更不要拿別人的標準來過分要求自己，因為盲目改變自己，並不能讓你像他人一樣成功，最多只能東施效顰，因為，你始終不是活在別人的夢想裡。

要如何認識比你優秀的人，並和他們成為朋友，這需要你把自己的每一件事情都做好，你有你的價值，你可以做某件事，這件事或許很小、微不足道，但是一定需要有人來做，而你能做好這件事。

許多優秀的人很忙，但是他們有許多事情需要做，而且不得不做，所以他們喜歡能成事的人，把這些小事做好，這就是第一步，跟比你優秀的人成為朋友，一定因為你也「有能力」，雖然和他們相比，可能微不足道。但你必須要展露出你的實力，才有更進一步的機會。

## NLP便利貼 有效溝通和良好習慣
## ～製造氣味相投的感覺

　　一個人對他所接觸事物的認知與態度，都決定於他腦中的信念（Beliefs）、價值觀（Values）和規條（Rules）系統，簡稱為BVR。這是他的一生之中，每一分鐘的人生經驗催化而成，因為沒有兩個人的人生經驗是完全一樣，所以沒有兩個人的BVR會完全相同，也不會有兩個人對於同一件事情的認知與態度是完全一樣的。

　　氣味相投是有效溝通與良好關係的先決條件，和諧氣氛能給溝通雙方一種安心的感覺，其實就是一種「信賴」的表現，而氣味相投則表示彼此是同一類型的人。

　　若想使另一個人做出改變，就必須先建立「良好關係」，而良好關係的基礎是「有效溝通」，而有效溝通則建立在「和諧氣氛」的基礎上。以下介紹幾個有效的技巧：

### ⭐ 配合聲調

　　配合對方的聲調，能使對方感受到你接受了他，使得關係更容易建立起來，溝通更有效果，因聲調的配合最能做到情緒上的共鳴。

　　聲調可以分為四個部分：音調高低、音量大小、速度快慢、說話語氣。你可以找一個朋友試試，就一個雙方意見一致的題目開始幾分鐘的討論，在過程之中試著故意與對方的聲調不一致，例如，一下子說得慢，一下子說得快，一下子裝高音，一下裝低沉，一下子大聲，一下子細微，在結束之後，再問問朋友的感受？

然後，繼續同樣的話題，一樣自然的交談，等待完全投入時停下來（可使用手機定時開關，預設三至五分鐘，提醒雙方停下來）。接著再回想剛才，談得如此開心的時候，兩個人是否在聲調上彼此呼應，你會發現，不只是高低音調、大小聲、或者速度一致，甚至連說話的語氣也很相似。

　　回想一下，當你心情低落的時候，你的說話聲調是什麼樣的感覺？這種時候，你的一個好朋友走進來，興高采烈地與你分享，他打球贏了敵隊，他開心地想請你吃飯，這時候他的音調和音量與你的相比會有多大的不同？通常你會產生不想跟他一起吃飯的感覺。這是因為他的音調表現出兩個人是在兩個相異的狀態裡，他沒有注意到你的狀態是低落的。

　　反之，如果他將音調調慢、調低，才說要請你吃飯，你就會願意和他出去走走，因為你感受到他進入了你的世界，並嘗試要了解你的情緒感受了。

　　由此可見，聲調的配合十分重要，特別是你想讓對方在情緒上有共鳴的話，聲調上的配合能最快發揮效果。

## 🎯 肢體語言的配合

　　肢體語言的配合也能讓對方感受到你接受他，並且有和諧的感覺，聲調配合在「情緒共鳴」上有特殊效果，而肢體語言的配合則在「取得共識」上最為有效。

　　肢體語言大致上可分為四個部分：「站姿或坐姿」、「手勢」、「頭部的位置與動作」以及「臉部表情」。

在一個進行得很順利的會議裡，你會看到所有參加者都會出現相像的行為模式，如果其中有一個人有異常的行為舉止出現，那麼其他人都會用奇怪和排斥的眼神望著他，而這些都是追求和諧、需要肢體語言配合的例子，情侶在一起的例子也算。

## ⭐ 尊重每個人的BVR

當我面對一群人說「海鮮拉麵」時，沒有兩個人腦海裡湧出的畫面和意思是完全一樣的，例如海鮮拉麵裡面有哪些料？應該怎麼煮？這些都是因人而異的，所以「海鮮拉麵」四個字只能夠當成溝通上的一個表面效果，至於其他人腦海裡「海鮮拉麵」的所有意思，我們是不可能完全明白的。

雖然如此，我們仍然可以一夥人愉快地去某一家拉麵店吃海鮮拉麵作為午餐。也就是說，我們無須完全了解和同意其他人對其他事物的全部認知與態度，我們也仍然可以有良好的溝通，例如「海鮮拉麵」使我們同意共進午餐，有愉快和良好的交談，如此便已足夠。

將以上的概念用在日常的溝通裡，就表示與人溝通時，如果能尊重對方的BVR，溝通效果會來得更快更好。如果不尊重對方的BVR，每當對方所說的BVR與自己不符合時，你通常便會回答：「這樣不對，應該是……」、「不是這樣吧？」、「你怎麼會這樣覺得……」等等的否定、質疑、反對的話。

若你能尊重對方的BVR，你就會回答：「為什麼你有這樣的看法呢？」、「原來你是這樣想，很神奇！」、「你是要這樣說……，為什麼呢？」注意，你並沒有透露出自己的BVR，也沒有放棄自己的立場

去虛偽的認同對方的看法。

　　每個人的BVR都是他自己的主觀產物，也只對他本人有效，因為沒有兩個人的BVR是一樣的，因此若想把自己的BVR展現出來，要別人接受是不切實際的，多數人都會抗拒的。

　　懂得尊重別人BVR的溝通高手在一天的談話裡，會需要透露出自己BVR的次數極少。可能只有一兩次，一般來說只有在兩種情況下才需要透露出自己的BVR：

　　★ 別人請你說出自己的看法。

　　★ 當自己的權利受到侵犯時，你決定挺身維護。

　　簡而言之，在溝通的過程中，尊重他人是一種基本但深刻的美德，它不僅反映了我們對他人價值的認同，也展現了我們自身的修養與氣度。每個人都有自己的經歷、信念和選擇，這些構成了他們獨一無二的BVR。

　　即使我們未必認同，也應該學會接納差異，給予對方基本的尊重。尊重他人不僅是一種禮貌，更是對人際關係的投資——它讓我們的交流更加順暢，彼此的關係更加和諧。當我們用尊重的態度去對待他人時，也會發現自己獲得了更多的理解、信任與善意，這是一種相互成就的美好循環。

第三章

# 強化處事圓融的
# 情緒控管力

# 3-1 先EQ，後IQ＝理性溝通

## EQ比IQ更重要

美國《時代雜誌》的專欄作家丹尼・高爾曼（Daniel Goleman）曾經出版了一本名為《情商》的書。此書甫上市便在美國社會掀起軒然大波，因他主張情商應比智商更能影響能否成功，自此成為全球性的暢銷作家。

他通過科學論證得出了一個結論：「EQ是人類最重要的生存能力，他此生的成就20%可歸諸於IQ，另外的80%則受其他因素（特別是EQ）的影響。」

## 首富臉上的微笑

華人首富「李嘉誠」身邊的人，常說他們不懂他。因為李嘉誠幾乎是從不生氣，他見到所有人，都是一張微笑著的臉。

「他真的沒有生氣過嗎？他會為什麼事情而難過？」面對採訪記者這一連串的問題，幾位跟了李嘉誠十年以上的下屬，一臉茫然地想了許久，他們真的回想不起來，是否曾有這樣尷尬的場面。

當記者又問起李嘉誠是如何表現他的強勢時，其中一位跟了他二十餘年的高層反問：「你說的強勢是怎麼定義的？」在他這麼多年的印象

中，李嘉誠做決斷非常快，但卻並不是個咄咄逼人的人，他善於傾聽下屬的意見，他說：「如果你是對的，他會聽你的，而不是堅持他的。」

在生活上，李嘉誠經常表現出他單純快樂的一面，例如走在香港的大街上，他就變成了一個念舊的老頭，總是和身邊的人說：「這裡本來是長的怎麼樣的，那裡有什麼。」

另一位跟了他十幾年的下屬則透露，李嘉誠很喜歡看電影，而且看電影時，他很容易「入戲」，將自己代入劇中的角色，每次他都會選一個自己喜歡的角色，然後隨著劇情起伏，「過他們的生活」。

在多位跟隨他許久的下屬眼中看來，李嘉誠其實是個感情很豐富的人，而他與眾不同之處在於，他很懂得去控制自己的情感。

How to do ～ 怎麼做？

## ◉ 你是否能察覺自我意識的變化？

一個人的 EQ 高低，最基本的表現就在於他能否在一種情緒剛出現時，就馬上意識到，這種「察覺自己情緒產生變化的過程」就是自我意識的產生。當我們出現某種情緒的時候，身體會不自覺地開始出現變化，而多數人可能察覺不到。

你應該多少有過這樣的經驗，當出現突如其來的變故或是挫折時，你可能會一陣子，或者連續幾天都面露憂心和鬱鬱寡歡，自己卻還不自覺，直到周遭的人關心詢問你，才發現原來自己一直都看起來很不開心。如果你能早一點察覺，就能早一步將自己從不良的情緒當中釋放出來。

## ◎ 你是否能自我勉勵？

有一個人遇到了困難，便跑去廟裡拜菩薩，當他誠心誠意地向菩薩祈求的時候，旁邊不知何時也跪著一個人，那裝扮和菩薩一模一樣，於是這個人小心翼翼地問：「請問您就是菩薩嗎？」「是。」那人答道。「那您為什麼還要拜自己呢？」「因為求人不如求己。」話才說完，菩薩翩然遠去。

這就是說，我們自身產生的力量，遠比他人的慰問更持久、有效，因為沒有誰能完全理解別人的感受，或者幫助別人一輩子，在現實生活中，透過不斷地自我勉勵而成就一番大事業的人，更是不在少數。

## ◎ 你是否能控制好自己的情緒？

在日常生活中，碰到開心的事會笑，碰到難過的事情會傷心、生氣，這些都是再正常不過的情緒表現，但有些人卻經常處於負面的狀態，甚至過度發洩，這就是低EQ的情況。雖然我們不可能將壞心情從生活中完全剔除，但我們卻可以試著保持情緒的平衡。

那麼，又該如何處理不良情緒呢？有很多人會選擇盡情發洩，但其實還有更好的方法，那就是「換位思考」與「轉移注意力」。

「換位思考」說的簡單一點，就是換一個角度去看待那些令你不快的事，試著找出其中的正面部分，而「轉移注意力」，是指不要一直關注在那些使你傷腦筋的問題上，盡量找其他的事分散注意力。例如，你可以運動、聽音樂、看電影等等，都可以有效抒發已經產生的不良情緒。

## ◎ 你是否擁有良好的人際關係？

人不能脫離群體單獨存在，強大的人際關係網能替我們的生活和情

感帶來安慰。溝通是人際關係中最重要的部分，它是人與人之間傳遞情感、態度、事實、信念和想法的過程。

溝通過程中，可能因溝通者本身的特質或溝通方式的相異，而產生曲解，因此傳送訊息與接收者之間都必須藉由不斷地回饋，去確認對方接收及瞭解到的資訊是否一致，而這都是長期的「練習」。

### ◉ 你是否擁有足夠的挫折承受力？

在人生中，生活和工作都不會是一帆風順的，總會遇到大大小小的挫折，有些人能夠理性面對失敗，但有些人是在遭受挫折後，從此一蹶不振。

承受挫折的能力也是檢驗一個人是否具有高EQ的標準之一，各領域中許多「成功者」都多了這樣的特質，那就是能將挫折當成人生體驗中的一小部分。從失敗裡累積經驗、吸取教訓，進而東山再起。可以這麼說，具備良好的EQ，你便能事半功倍。

這樣做最關鍵

據溝通專家的研究，人際關係的衝突，其實到最後都是「面子問題」，而不是「是非問題」，所有的問題都不是在爭辯對與錯，也不會以好的結果來思考如何去相互合作，而是先計較對方「你為什麼做這件事情？」、「為什麼都是我配合你，不是你來配合我？」因此，有效溝通的第一個原則就是「先EQ，後IQ」，也就是先安撫對方的情緒，當然自己的情緒要能先掌控好，再用理性的方式溝通，才能達到雙贏的結果。

**NLP便利貼**

## 理性與感性並存
## ～運用情緒幫助自己與他人

心理學家丹尼爾·高爾曼表示，EQ包含了五個範疇：

★ 自我察覺

★ 自我管理

★ 自我激勵

★ 同理心

★ 社交能力

在此以兩個方向說明。

### 🔹 幫助自己：正確認識與運用內心的情緒

第一個方向是針對個人，其實光是「正確地認識」，多數人都會發現有其困難，怎麼說呢？你可以嘗試用各種形容詞去描述出你現在的情緒，為何你會發現這是「說不清楚的」，就算你可以列舉幾個形容詞，但也總會產生「好像也不盡然」的感覺，這是因為我們從小就被教導要忽略內心的感受，對一些負面情緒更是「假裝無視」。

當我們對自己內心的真實感受認識的少，甚至分辨不清那是一種什麼樣的情緒，那麼，我們又將如何正確的處理它呢？

所謂的「正確運用」，就是去瞭解每一種負面情緒的「正面意義」，使它引導我們的人生邁向更多的快樂與成功。

舉例來說，悲傷的正面意義是「給我們機會去接納一個我們不能接受的情況」。同時，如果我們運用這份力量去改變自己，例如不再重蹈

覆轍、事先做好規劃，那麼情況將能有所改變，能使自己更積極、更有鬥志，進而達成推動自己的目的。這就包括了丹尼爾‧高爾曼所提到的前三個範疇。

最好的程度是可以達到「情緒自主」。也就是說，一個人擁有所有的情緒，但他可以在任何事件當中挑選出最能幫助自己的那一種情緒，並且維持在這種情緒之中，而他的情緒狀況，完全由本人決定與控制。

## ⭐ 幫助他人：瞭解與分享別人的想法與感受

第二個方向是針對與其他人的相處與溝通關係，包括丹尼爾‧高爾曼所提到的後兩個範疇，所謂的「了解」和「分享」，是指我們用理性（左腦）去瞭解，用感性（右腦）去分享；「別人的想法」是指對方理性（左腦）的想法，「感受」是對方感性（右腦）的情緒感受。

簡單的說，就是兩人的理性與感性同時並存，並能做到這點，也就是擁有所謂的「同理心」。

我們經常會以批判的角度去看待別人的言行，例如「這樣做很……」、「你為什麼不……」等等，然而，其實每個人使身體做出行為的動力來源是「感覺」而非「道理」。

因此，處理自己與他人的事情，若我們能兼顧理性與感性並存，就能達到任何事情的最佳效果。

## 3-2 抱怨，不如正面迎向問題

### 「化抱怨為上進的力量」

諾貝爾文學獎得主羅曼・羅蘭（Romain Rolland）說：「只有把抱怨環境的心情，化為上進的力量，才是成功的保證。」

我們難免會遭遇到挫折與不公平的對待，部分的人往往會產生不滿，並不斷向他人傾吐，希望藉此引起更多的同情，吸引別人的注意。從心理學角度上來說，這是一種正常的「心理自衛」行為，但抱怨其實是最於事無補的，因為它既不能解決當前任何問題，又給自己平添了許多煩惱。

有人說抱怨可以舒壓，但是當你在抱怨的同時，難道不會讓自己情緒失控嗎？抱怨非但解決不了任何實際問題，也不能達到宣洩情感，讓人心情愉快的目的，反而會讓人陷入負面情緒的深淵，讓周遭人也籠罩在你的陰霾之中，因此唯有及時解決問題，而非抱怨問題，才是撫平不滿情緒的成功之道。

### 正面迎向問題

抱怨無濟於事，我們必須省下體力，不浪費在無益的憤怒與不切實際的怨懟上，將省下的每一分精力，用於任務的達成。因此我們說，

負面情緒無益於問題解決，與其滿腹牢騷，不如正面解決問題，這才是正本清源之道。

日常的怨懟難以避免，稍有不滿也無可厚非，但如果抱怨已經成為惡習，就可以運用以下三種方法來解除抱怨的不良習慣：

How to do～怎麼做？

### ◎ 將抱怨窗口轉向自己

對別人抱怨容易影響人際觀感，因此非必要時，避免向別人抱怨，如果真的需要一個抒發管道，就將心裡的怨言透過聽音樂或書寫的方式，甚至是運動、唱歌來發洩，向自己抱怨，找到了抒發的管道，就可以減少向別人埋怨的頻率。

### ◎ 將當前狀況列表分析

試著理性分析引起你抱怨的原因，例如你對現在的工作不滿意，就把所有造成你不滿意的因素進行列表分析，例如上司管理不公、公司制度不完善、薪水低、客戶難以溝通等等，清楚了現況為何，反倒能冷靜思考有哪些解決方案是自己能去實行的。

### ◎ 思考解決狀況的各種可能

有了列表分析的根據之後，可試圖解決各項本來會引起你負面情緒的狀況，例如上司管理不公，可以考慮與其溝通；公司制度不完善，可以考慮向上級建言；薪水低，可以依自己對公司的貢獻，向上級合理反應等等，如果上級完全無法接納諫言，那麼考慮轉換一個工作環境，也

是一個好方案。

積極行動起來，就會發現自己已經轉化了抱怨的精力，從充滿負面氣息的靈魂變成了一個積極正面的戰士。

### 這樣做最關鍵

要掙脫牢騷纏身，就必須學習正向思考。遇到挫折時，先想辦法移轉怨念，把思考焦點集中在「解決方案」，找出「如何做」，與其停留在抱怨的泥沼，不如將這些能量轉化為驅動自己進步的動力，告訴自己：「我可以做得更好！」

試著端正自己的心態，把眼前的難題或障礙視為重新證明自己的挑戰。每一次的困難，都是一次讓我們鍛鍊意志與提升能力的機會。如果我們僅僅因為不滿或挫折就停止前進，那麼最終只會被原地踏步的悔恨吞噬。相反地，當我們勇於挑戰逆境，突破自己的極限，過程中累積的經驗與成長將成為我們一生的財富。

一個人思考些什麼，就會逐漸變成什麼樣的人，這是恆久不變的吸引力法則。正向的思考會吸引更多積極的能量與資源進入你的生命。當你願意用樂觀的態度面對問題，周圍的人也會被你的信心與行動力感染，進而形成良性的循環。記住，成功並不來自於沒有困難，而是來自於我們如何面對困難的態度。每一次的挑戰都是成就更好自己的契機，而你的心態就是開啟成功之門的鑰匙。

# 3-3 低潮之後，請學會自我管理

## 面對低潮時，不要找藉口

我們說，「自我管理」是培養理性力量的基本性格，是人把知識和經驗轉變為能力的催化劑，那些成功人士往往更善於管理與運用自身能力，並從外界汲取可用的資訊與資源。當他們處於情緒或工作的低潮時，他們比其他人更善於控制情緒低谷，因此能維持專業表現的水準。

當我們遇到不如意的境遇時，往往習慣幫自己找個理由「開脫」，也許說世道不公，也許說時運不濟，其實就是沒有「理由」，只有「藉口」。

同樣的環境下，有不同的人生，環境總有優與劣，然而不論環境怎麼樣，總有人出人頭地，同時也會有人碌碌無為。

因此，不要將自己境遇的不如意歸咎給環境，關鍵在於我們如何去面對環境，利用有利因素來轉化不利因素，找出解決問題的各種選擇。思考一下，你正確利用現有條件了嗎？

## 學習自我管理

人的財富，除了物質上以外，還有精神財富，例如：信仰、理念、人生觀、價值觀、世界觀等，一般物質財富的富有者是基於精神財富而

得的，因此，我們應盡可能對自己有一個全新的認識，定位準確將受益終身。

而自我管理的性格分成兩部分，一個是對自己的管理，另一個是對自己如何獲得外界資訊與資源的管理。

我們可以從以下這些自我管理的分類中，得到更多自我管理的實踐準則。

How to do ~ 怎麼做？

### ◉ 維持最好狀態的心態

根據心理學家研究，影響一個人成功與否的關鍵因素之一是處事態度。因此，我們應該使自己的心態維持在最佳狀態，時時讓自己保持在積極正向的態度，才能在這個基礎上，理性地管理其他層面。

### ◉ 對外形象與人際關係

注意個人的外在形象，當然同時保持發自內心的微笑，不僅是為了外表的美觀，還表現了個人的精神面貌和內在修養，以及言行舉止方面的禮儀，這些都直接影響人際交往上談判溝通方面的表現。

發明家愛迪生說：「天才是1%的靈感，99%的汗水」。但如今已被「成功等於30%的知識，加上70%的人脈」取代，可見人際關係是件非常重要的事，因此，我們需要格外注重人際交往，公關能力與技巧的培養。

### ◉ 個人的時間管理與知識管理學習

在現代，時間管理意味著掌控效率，掌控效率則左右著成功與否和達成速度的快慢，有效利用時間不僅能夠合理分配工作和休閒，而且還能替時間增值。在相同的時間裡，創造出更多的價值。

這裡指的「學習」不只是指狹義地從書本上學習，而是在生活上、工作上各式各樣的學習，受到環境、經歷等影響，每個人的學習都會有一套固定模式，這時便需要突破僵化思維，塑造更有效率的思維模式，以因應網路時代的資源洪流。

## 不同階段的目標實現與提出

先樹立「目標會不斷變動」的觀點，認知到實現目標只是這一階段的成功，因為每個階段都會產生新的目標，訂定目標是為了指引我們奮鬥的方向，而成長便是不斷提出新目標，以及不斷實現舊目標的過程，在這裡，擬定適切而可行的目標，就是目標管理的精髓。

## 不同角色，不同義務

法律和道德是規範人們行為的大原則，而法律又是道德的最後一道防線。在這兩者之間，還有許多「潛規則」影響著人們的行為，處在不同的角色定位上，就要履行不同義務。當我們在工作時，要鞠躬盡瘁、恪盡職守；在工作之外，人際關係上要以誠相待、相互扶持。

以上羅列了自我管理細分類別，僅僅是生活和工作中最基本的管理原則，其目的是為了優化自己的整體優勢，從而使自己更上層樓。面對日漸激烈的社會競爭，完善自己無疑是在為能力「充電」，以確保在廝殺戰場中佔領一席之地。

 這樣做最關鍵

　　自我管理必須是一個像自己「客觀化」的過程，因此不能只是籠統地提醒自己，注重心態、注重形象等等不著邊際的原則。你可以試著畫出一大張的自我管理圖表，在每個區域中填入自己細分的小項，例如在每項個人行為之下，列出：每天不超過十二點入睡。在知識學習下，列出每週學習三個小時的英文等自我期許，並依完成進度逐一將之著色，如此一來，自我的提升程度將一目了然。

 **3-4** # 戰勝潛在恐懼，自我激勵

## 「冒險的性格」

奧地利神經學家維克多・弗克蘭（Viktor Emil Frankl）曾說：「如果想過更好的生活，就必須具備冒險的性格。」也就是說，即使我們處於未定狀態，甚至是危險之中，為了持續前進，我們也必須暫時離開安全的處所，暫時忍受冒險可能在精神上或實質上帶來的損失。

然而，要讓冒險的決策完美進行，首先必須要面對內心的恐懼。心理學家研究發現，恐懼往往不是來自外界的事物，而多半源自於自己內心深處的思維意識。

事實上，戰勝恐懼的力量，只在我們直面恐懼事物的瞬間產生，如果想的越多，潛能就會被自己封鎖得越緊，最後，只會認為自己終究要受制於恐懼。因為面對恐懼，膽量會加倍；逃離恐懼，膽量則會縮水成二分之一。

當成功的跳板在眼前時，就看你能不能戰勝自己的恐懼。縱覽古今，凡能破除困境的人，都是因為他們相信自己能夠完成艱鉅的任務，不會因為眼前的障礙而失去前進的膽識，反而勇敢的在顫抖中成長。

自我激勵，簡單而言就是激發自己的鬥志，然而產生內在的行為動力。回升情緒低潮，撫平情感裂痕，在一般情況下，一個人的能力或潛

力只被運用到了20%到30%，而在受到激勵作用時，其能力的使用程度可以達到70%至80%，甚至更多。

然而，要達到完善的自我管理，就需要無窮的動力，來促使自身不斷努力，這便有賴於自我激勵的作用。

一個自卑的人需要自我激勵，身處險境或工作低潮的人也需要自我激勵，在千鈞一髮的關鍵時刻，更需要自我激勵。自我激勵，不僅表現在精神上，也表現在物質上，若我們能適度拿捏自我激勵的技巧，就能開發存而未用的潛能，將潛能使用數值提升到極限。

How to do ~ 怎麼做？

## ◉ 進行角色激勵

每個人處在不同的角色定位，就應當履行相應的義務，做出相應的付出，例如老師的角色是教育學生，因此，在學生面前，老師要能因材施教；經理的角色是領導公司發展壯大，因此，經理在處理公司事務時，一切都要以公司的利益為出發點，以角色義務作為自我激勵的軸心，即所謂戴什麼面具，就得演好什麼角色。

## ◉ 進行自我暗示與實現

自我暗示是建立在認識自我的基礎下，透過積極的內在交談建立自信，達到激勵自己的目的。

美國人本主義心理學家——亞伯拉罕・馬斯洛（Abraham Harold Maslow）提出「需求層次理論」，他認為最成功的人是達到了「自我實現」，即充分發揮了潛能，使自己趨於完美。

### 進行困難激勵

「一日三省」，是每日檢討自己為人辦事是否盡忠、對於朋友是否誠信、對於學業是否用心。廣義來說，我們可以時時反省自己所行、所言、所思，有沒有做了不該做的事情、說了不該說的話，或是動了不該有的念頭？

在還沒摔跤前，不斷修正自己的腳步，才能穩步向前，透過這種好習慣，可適時避開一些令你挫折的危機。

當一個人身處逆境時，會比在安逸的狀態中更有危機意識，危機意識會使人產生高度警惕，鞭策自己時刻做好準備。

### 進行犯錯激勵

很多人都認為「犯錯」是很羞恥的行為，但其實「犯錯」也是一種學習途徑，更是一種激勵方式，每當遇到挫折時，即便有許多外在因素導致失敗，也不能把它們當作藉口，畢竟在過程中沒有避開這些外在因素的還是自己。

事實上，上帝關了你一扇門，必定會為你開啟另一扇窗。每一件事都是一體兩面，失敗不見得可悲，但要從失敗中透過反省，擷取可貴的經驗，替自己創造成功的機會。當你因犯錯而受到內心譴責，甚至實質懲處，那麼你就要激勵自己吸取經驗，別再重蹈覆轍。

### 進行目標激勵

走到成功這一步後，守成是相當不易的，但仍要不斷反省自己，推向更高的境界，也就是以「歸零」的眼光自我審視，否則就是等著別人來「將你歸零」了。當然，這裡所謂的成功，不僅僅是事業的成就，更

包含生活上所立下的大大小小目標，即使縱橫情場也是如此，若沒有時時刻刻花心思經營感情，保持愛情的深度，淘汰生活中的不完美，再濃烈的戀情也有可能會變質。

設定洽當的目標來作為行動的指南，藉由對目標完成的憧憬，使自己充滿熱血，指引自己不斷地朝著目標前進。

### 這樣做最關鍵

華人心理學家趙志裕教授研究發現；「能夠客觀認識自己缺點的人，總是比較容易取得成就；而不敢正視自己缺點的人，則很難取得成就。」在心理學上，面對缺點的態度，反映人內心深層的動機，不承認自己有缺點，並且極力炫耀優點者，是受到「自我美化」這個深層動機的催動，導致自我膨脹與侷限發展。而勇於面對自己不足的人，其背後的深層動機則是「自我提升」，讓自己有不斷前進的動力，透過檢討與改善，有目標地將自己的弱項變成強項，這才是有助於自我成長的最佳做法。

## 恐懼症治療
### ～恐懼症快速治療法

在NLP的技巧裡，有恐懼症快速治療法，其主要原理是改變我們的次感元，次感元是我們的經驗記憶，可分為內視覺、內聽覺、內感覺、內嗅覺和內味覺。

### 三種次感元

我們相對比較常用的三種次感元：

★ **內視覺的次感元**：例如光暗、顏色、距離、大小、清晰度、位置、動或靜畫面等。

★ **內聽覺的次感元**：例如音量、聲調、聲音來源方向、距離、清晰度、位置、快慢等。

★ **內感覺的次感元**：例如位置、重量、範圍、溫度、頻率、形狀等。

### 恐懼症快速治療法步驟

▶ **步驟一**：建立一個安全的「心錨」，可以引導受導者先回想一個安全的、平靜的，或有力量的經驗。

▶ **步驟二**：回想要處理的恐懼感覺之情境。

▶ **步驟三**：想像自己坐在一間電影院裡的座位上，看著螢幕。

▶ **步驟四**：然後，想像自己從電影院裡的座位上飄到電影院後面的放映室裡。

▶ **步驟五**：現在，你可以從放映室中看見坐在電影院裡座位上的自己。

▶ **步驟六：**想像現在正在放映那次恐懼感覺的情境（放映的過程是黑白的），請你觀看這個畫面直至結束為止。

▶ **步驟七：**現在，把電影從尾到頭快速倒播一次。在數秒內完成，直到返回開始的畫面（放映的過程是彩色的）。

▶ **步驟八：**重複倒播過程約七到十次，每次的速度越來越快。

▶ **步驟九：**瞭解恐懼背後的正面動機，找出所需要的有效資源和新的行為，以配合這個正面的動機。

▶ **步驟十：**打破狀態，未來測試。

　　這個技巧可以處理各類恐懼症，但輔導者要顧及受導者的狀態，情緒為首要，最好是找一位有豐富NLP經驗的輔導者進行較為安全。在過程中，輔導者需要保持敏銳的觀察力，注意受導者的情緒反應與身體語言，適時調整引導方式，避免讓受導者感到壓力或進一步激發恐懼。

　　此外，輔導者還需要建立一個安全、信任的環境，讓受導者感到被支持和理解。可以在技巧開始前，與受導者充分討論過程可能涉及的內容與目標，並詢問對方的舒適範圍，確保雙方對過程有清楚的共識。這不僅有助於減少受導者的心理防禦，也能提升技巧的效果。

## 3-5 免擔心，壓力讓你衝出最大動力

### 壓力使人成長

根據歷史經驗顯示，諸多著名的哲學家、科學家、企業家在壓力最大的時期，往往是創造力、觀察力、專注力和個人成就的最高峰。

一般當我們在面臨壓力時，會有三種不同的應對方式：

★ 拒絕和逃避壓力。

★ 接受與解決壓力。

★ 創造並享受壓力。

雖然絕大多數人是採取排斥或消極接受的態度，讓自己深陷於不安的困境中；但也有不少人選擇積極迎戰壓力，甚至設法製造壓力，激發前進的動力，奮力一搏，締造出許多超越自我的奇蹟。

我們應當善用壓力的特性，為自己設定經過一番努力後，方可達成的目標，透過恰當地創造壓力，激發自我潛能，展現出「超水準」的表現。

那麼，當壓力來臨時，你該用何種態度來面對，甚至享受它呢？

### 保持冷靜，釐清事實

當危機突然來臨，一般人會手足無措，想著必須立刻解決。然而在慌亂的狀態下，想要找出理性的答案是不可能的。因此最好的做法是，在採取行動之前，先讓自己冷靜下來，將事情的來龍去脈仔細思索一遍，了解真正的壓力來源，才能面對難題，做出理性的思考與判斷。

在關鍵時刻，特別需要認清實際狀況。任何資訊都要再三確認，以免錯估情勢，讓壓力只是空穴來風的危機，空耗心力。

## ◎ 建立自信，拒絕逃避

危機一旦發生，多數人都會懷疑自己的能力是否能應付，然而，這種想法不僅無濟於事，反而會使情況變得更為艱難，此時只需要相信自己，只要有決心毅力，沒有什麼困難不能克服。

面對挫折，絕對不能懷抱鴕鳥心態，只有勇敢面對，全力以赴，才能獲致最後的成功。

## ◎ 面對壓力時的關鍵步驟

▶ **步驟一**：自問「事情夠好了嗎？」、「還可以更好嗎？」、「自己最理想的狀況為何？」把所有理想分項列舉，再依據重要性排順序。

▶ **步驟二**：再問「現在可以做哪些事來達成理想？」將它記錄下來。

▶ **步驟三**：得到以上答案之後，開始實行，別猶豫不決，把所有注意力集中於想完成的目標上，切忌留給自己太多拖延或失敗的藉口，同時規定自己完成的期限。

▶ **步驟四**：學習從他人經驗中吸取教訓，不管是成功還是失敗。

▶ **步驟五**：在生活中嘗試各種冒險，樂於學習新事物，每天有所得比無所得要好，把每一個遭遇都當成生活中的一次挑戰。

▶ **步驟六**：不要墨守成規，畫地自限，利用各種機會，試著思考突破僵局。

▶ **步驟七**：找尋可用資源，並善加利用，例如善用APP安排生活、收集資訊，不斷強迫自己消化新科技與新資訊。

▶ **步驟八**：隨時向自己提出挑戰，體驗尚未經歷過的狀況，考驗自己的應變能力。

▶ **步驟九**：每天晚上都設定隔天目標，並決定達成任務後給自己兌現的獎勵。

當我們遇到習慣領域之外的事物時，不要馬上抵制，要思考這件事在哪些方面能幫助自己成長，日後身處逆境時，就能習慣這種壓力，積極樂觀地面對問題，克服困難，達成目標。

## ◉ 承認錯誤，承擔責任

若由於先前錯誤的決定，造成重大損害，一旦發現時就要有勇於承認、壯士斷腕的氣魄，千萬不可掩蓋真相，一意孤行或猶豫不決。

面對責任當頭，避無可避時，不要一直怨天尤人，鑽牛角尖，與其滿腹牢騷，不如起身而行，掌握危機，才可減少壓力，正所謂「危機就是轉機」。面對這些不安的關鍵，就在於不屈不撓的意志力與抗壓力。

## ◉ 積極學習，堅持到底

當發現自己有不足之處時，立即善用各種機會與資源補強自己，一旦個人能力提升，抵禦壓力的力量也會隨之提高。

因為失敗的人總是容易選擇放棄，在完成目標的過程中，切勿因為一點挫折就打退堂鼓，再堅持一下，成功就在不遠處。

我們要善加利用壓力，將之巧妙轉化利用，作為提升核心競爭力的

來源，以一一破除各種在達成目標前會遭遇到的「疑難雜症」。

 這樣做最關鍵

逆境商數，是指面對逆境時所能承受壓力的能力，或承受失敗和挫折的能力，生命的起點和終點任誰都無法決定，然而，面對事情的態度卻足以改變人的一生。一般人在遭逢逆境時，總是試圖去改變環境，然而，當環境無法改變時，最應當轉變的其實是「心境」。

### NLP便利貼　時間擴散減壓法 ～學習如何紓壓

據醫學界的專家表示，壓力過大，很容易導致各種疾病，例如心臟病、高血壓、胃潰瘍、中風、神經衰弱等，又或者使受壓者不知不覺間養成一些不良習慣，例如暴飲暴食、抽菸等。以下與讀者朋友分享一個非常簡單有效的時間擴散減壓法。

▶ **步驟一**：想一個現在使你感到有壓力的事件或問題。

▶ **步驟二**：想像未來三個月後的自己，對於目前這件事情或這個問題，是否會像現在一樣使你感到壓力？

▶ **步驟三**：想像未來六個月後的自己，對於目前這件事情或這個問題，是否會像現在一樣使你感到壓力？或者是否仍是這麼重要？你能

夠看到自己好好地繼續生活嗎？

▶ **步驟四：** 想像未來十二個月後的自己，對於目前這件事情或這個問題，是否會像現在一樣使你感到壓力？或者是否仍是這麼重要？你能夠看到自己好好地繼續生活嗎？

**步** ▶ **驟五：** 想像未來兩年後的自己，對於目前這件事情或這個問題，是否會像現在一樣使你感到壓力？或者是否仍是這麼重要？或許當你回頭再看這些現在這個問題，你會感到可笑？竟然為了這件事或這個問題而感到壓力重重？你能夠看到自己心情已經變得平靜，又或者已經變得快樂了嗎？

▶ **步驟六：** 想像未來五年後的自己，對於這件事或這個問題的記憶，以及這件事或這個問題的意義是否已經隨著時間消逝了呢？

假如你仍感到不太容易想像一個積極快樂的未來，那麼假設你將會展開新的工作或新的職業，或是將會認識到不同的新朋友等等轉變。

假如你已經做了上述的步驟，但是仍感到不太容易想像一個積極快樂的未來，那麼你要看看你是否累積太多負面情緒，必須適時地進行「引流」。

## 3-6 找對心態的癥結點，逆轉它

### 培養好情商

有關研究數據表明，真正成功幸福的人，其成就因素當中EQ佔了80%，IQ僅佔了20%。心理學家高爾曼指出，「IQ」和「技能」兩者的作用加起來還不如「EQ」所能發揮的效果大。而且職位越高，EQ的效用就會越高。在企業高層的領導管理人中，情商發揮的效果甚至能達到85%。因此，良好的性情與習慣，是一個人面對問題能冷靜處理的保障。

### 「高明的回答」

一家飯店徵求一名房務員，經過挑選之後，剩下三名面試者。

面試的問題很簡單：「如果你打開客人的房門，剛好有一位女性走進浴室洗澡，那麼你該怎麼辦？」第一個說：「趕緊關上門退出房間。」第二個說：「對不起，小姐，然後退出房間。」第三個人說：「對不起，先生，然後退出房間。」顯然地，第三個人答案更高明，他比前兩者更鎮定自若，也更能為對方著想，自然地解除客人的尷尬，當然能得到飯店的垂青了。

## 「正向的心態」

有人問三個正在砌磚的工人：「你們在做什麼呢？」

第一個工人沒好氣地說：「你沒看見嗎？我正在砌磚啊。」

第二個工人簡單地說：「喔，我正在做一件每小時九美元的工作呢。」

第三個工人哼著歌，開心地說：「你問我啊，我坦白告訴你，我正在蓋世界上最偉大的教堂呢！」

## 看到超越日常生活的事物

這就是心態的癥結點，以職場來說明，如果你只把目光停留在工作本身，那麼即使是從事你最喜歡的工作，你依然無法持久保持對工作的熱情。然而，如果在擬定合約時，你想的是一個幾百萬的訂單，或是收集資料、撰寫標題時，你想到的是招標會上的奪冠，你還會認為自己的工作無聊枯燥嗎？

改變心態的秘密之一，就是「能看到超越日常生活的事物」，一旦心情愉快起來，就會全身心都投入，本來乏味無比的事情會變得妙趣橫生，這正是生活與工作的本質所在。

How to do ~ 怎麼做？

### ◎ 抱怨無法解決當下遭遇的問題

例如，作為一名員工，當你為了薪資而憤恨不平時，也應該反過來想，你的那些怨懟能助你一臂之力嗎？能幫助你有效解決問題嗎？你可以想想，這只是職業生涯中的一樣收穫，如果你只是為薪水而工作，那

就會把自己侷限在一個小圈子裡，讓自己無法離開這樣的圈子。然而，那些不太考慮薪水高低的人，把視野放得更遠更大，就能撿到更多機會，讓自己快速成長起來，比別人更早地走出初入職場前幾年的「磨合期」，邁向自己更遠大的目標。

其實，單單抱怨不但絲毫不能解決問題，反而會讓人失去更高的目標和更強勁的動力。

## ◉ 別失去理智，保持理性

當你在快要發脾氣的時候，應先強迫自己冷靜下來。著名的《最後十四堂星期二的課》書中提到：「當你憤怒時，記住悲傷的感覺，然後對自己說：『沒錯，這就是憤怒，我現在要忘掉它。』」生氣的時候，不要失去理智，先看看周遭。然後想想自己為何生氣，這件事值不值得生氣？久了之後，你就明白憤怒的表現是什麼，又是什麼感覺，要怎麼做才能有效解除怒氣？你就不會經常被情緒所掌控了。

## ◉ 情緒歸零，要有收穫

情緒歸零很重要，意氣用事讓我們帶著情緒、用感性審視，導致無法看清盲點，因為情緒是一種主觀意識：「我覺得很生氣」、「我覺得很沮喪」、「我覺得很不公平」，滿腦子只有「我」，我們所看到的，都只有自己的委屈，接著就會怨天尤人、自憐自哀。

奇美實業創辦人許文龍說：「跌倒之後，不要馬上爬起來，還要看看地上有什麼可以撿的。」正是這個道理。

## ◎ 反求諸己，擔起責任

當一個人做了什麼事失敗了，就該自己擔當起失敗的責任。而不是推給他人，當你能夠擔起責任，淘汰掉錯誤的自己，不斷改進、不斷重建，自然能「修剪」成一個完美的人形，漸漸地把「做錯」的機率降到最低。

## ◎ 受教育失敗，並且自省

成功的人雖不一定能夠做到「嚴以律己，寬以待人」，但一定要能夠自省並自律，否則若對他人與自己的要求形成雙重標準，將不再客觀與公正，也難以服人。成功者所散發出來的特質和能量。必須透過己身的自律與自省散發出來，讓人心服口服。

## ◎ 特訓：挑戰與難相處的人來往

多數人在生活上或職場上碰到難相處的人時，總是避之而唯恐不及，但其實樂觀地想，他們是我們提高EQ的「最強導師」，當對方有稜有角的個性，跟你磨久了，你就會發現與他們相處的獨特模式，並漸漸能靈活應對，習慣用他們能接受的方式與之相處。

「抓」到每個人「眉角」的不同，久而久之，除了你會覺得這些人的本性其實並不那麼惹人厭之外，你的EQ經過這樣的「特訓」，也必能大幅提升了。

## 這樣做最關鍵

一個人一天的行為當中，大約只有5%是屬於非習慣性的，而剩下的95%行為都是習慣性的。但所有的習慣性行為，都是從非習慣行為演變而來的，即便是打破常規的創新，最終也可能變成「習慣性的創新」。

根據行為心理學的研究結果，三週以上的重複行為就會形成習慣；三個月以上的重複行為就會形成穩定的習慣，因此，能否將遭遇困境時的態度轉為正向，正是我們極需培養的良好習慣。

## NLP便利貼　反敗為勝法
## ～從負面情緒中解脫出來

「反敗為勝法」是被譽為「華人NLP」的李中瑩先生在1998年所提出的一個技巧，此技巧的特色是方便、迅速且容易掌握。初學者第一次運用便能得到效果，同時它的用途廣泛，也能運用其他NLP技巧時加入，「反敗為勝法」是假設我們可以幫自己從負面情緒中脫出，進而能夠運用自己的智慧去解決問題。

反敗為勝法，步驟如下：

▶ **步驟一**：找一張椅子坐下，想著某個問題，讓有關的負面情緒出現。

　☆**觀察**：是哪種負面情緒？（例如生氣、難過、失望等等。）

　☆**思考**：若以1至10分來表示，10分為極大，1分為輕微，想一想幾
　　　　　分最能代表你現在的感覺？

▶ **步驟二：**站起來走幾步，看著椅子上的自己（想像出椅子上坐著被你留在那的「情緒的我」），注意他的坐姿、表情和內心所產生的負面情緒。

☆**觀察：**看著「情緒的我」，告訴自己「我是他最好的朋友，所以我要幫助他。」

☆**思考：**想一下他可以怎麼做？有什麼不同的做法？又有哪些人事物可以幫助他？如果他掌握了哪些能力，能處理得更好？（只要能想到就可以告訴他，不需思考自己是否具有這些能力。）

▶ **步驟三：**走近椅子看著「情緒的我」，誠懇地把剛才想到的告訴他（自己站著的位置，稱為「智慧的我」）。

☆**觀察：**告訴他之後，感覺是否足夠，若足夠則離開約十步遠。

☆**思考：**若他掌握了所說的一切，事情是否能夠解決？如果不夠，再想一想，還有什麼可以加入？告訴他。

▶ **步驟四：**站在距離約十步遠處，看著坐在椅子上的「情緒的我」與站在他面前給他意見的「智慧的我」。傾聽一遍「智慧的我」對「情緒的我」剛才所說的話。

☆**思考：**如果「智慧的我」所說的能力他全部都擁有，我會用什麼文字去描述這個「智慧的我」呢？然後說出這些話（例如他是個相當冷靜且能顧全大局的人）。

▶ **步驟五：**看著這個「情緒的我」誠懇地感謝他過去對自己的照顧。

☆**思考：**「為了OOO（代入自己的名字）可以在這件事中學到更多更好，能不能請你暫時站到一旁，保證稍候一定請你回來！」然後看著他站起來走開。

▶ **步驟六**：看著「智慧的我」，請他坐在椅子上。

☆ **思考**：「智慧的我」坐姿與臉部表情等跟剛才「情緒的我」坐在椅子上時有哪些不同？（這是這個技巧有效果的保證）。「智慧的我」的坐姿及表情應該符合剛才自己對他的能力的描述。

▶ **步驟七**：看著坐在椅子上「智慧的我」，慢慢地走向他，靠進椅子時轉身坐下，閉上眼睛，想像自己走進了「智慧的我」，並且盡量模仿他的坐姿和臉部表情。

此時，那些能力的感覺會在心裡湧現，用大力吸氣的方式，將這些感覺加強、擴大，讓那份感覺充實身體各處。經過多次的深呼吸之後，體會這樣舒服、有力量的感覺，然後張開眼睛，再思考一下那個問題。

▶ **步驟八**：此時再想想困擾自己的那個問題，一般會感覺到自己有辦法去解決，且認為問題微不足道，同時會增加許多不同的想法和做法。

☆ **思考**：再次用1到10分的分數來測試當下的感覺，如果不滿意重複前面步驟一至步驟八，如果滿意，則回頭看看剛才走開的「情緒的我」，如果他的表情是美好的（例如輕鬆微笑等），則可邀請他回來閉上眼睛，感受他進入體內的感覺。若「情緒的我」臉部表情仍然不夠理想。重複步驟一至步驟八。

若步驟二的效果不理想，可以站在另一個位置，想像自己是一個很有智慧的人（或解決該問題的專家），閉上眼睛做一個深呼吸，確認一下內心充滿智慧和能力，然後張開眼睛，教導坐在椅子上「情緒的我」。

# 訓練獨立思考的
# 腦內思考力

## 4-1 勇於承認錯誤能解除危機

### 「勇於承認錯誤」

我們常說害人之心不可有，防人之心不可無。而且江湖險惡，人心隔肚皮，一般人都有著很強的自我保護意識，一旦遭遇他人指責，便會認為是他人對自己的否定與「刻意找麻煩」，很容易就會反唇相譏，使得事情更糾結，更難以解決。

香港首富李嘉誠說：「承認錯誤，就少了一半錯誤；掩飾錯誤，就多了一倍錯誤；改正錯誤，便沒有錯誤。」

因為事實上，許多敵對關係的形成正是因為我們的「太過敏感」、「無法接受他人正確意見的指責」所引起的，但這樣的態度，只能使我們面對問題時更加束手無策。

### 「逃避錯誤與現實，是浪費時間」

現代人花了太多時間在打電玩、滑手機，及其他娛樂的虛擬世界當中，等到在現實中遭遇到麻煩時，便無法對問題產生正確的反應與處理方式，但是如果你無視問題，那麼災難就會來找你。

要面對現實，體認錯誤是其中最重要，也是最困難的一步。多數人以為，認錯是羞恥的來源。但事實上，只要能體認「不完美的理解」是

人類的常態，就不會覺得認錯有什麼好丟臉的。

認錯的好處，可以刺激並增進批判力，讓你更進一步重新檢視「決定」，然後修正錯誤。

金融巨鱷索羅斯（George Soros）以承認錯誤為榮，甚至表示他的驕傲來自於認錯。在這個反常的年代，我們經常遭遇的狀況會是，你發現自己犯了錯，但又同時必須做出決定，必須有所行動，這更讓你身處的環境充滿了不確定性。

一旦人們害怕「不確定」，就會不自覺地開始逃避，再加上有著各種意識形態可以幫你逃避不確定性，無論是神權或威權，都會告訴你要怎麼做，讓你可以去逃避那些不確定性。

索羅斯認為要有認錯的勇氣，一旦他覺得自己犯錯，便會馬上改正，這對他的事業十分有幫助。金融巨鱷的成功，不是來自猜測正確，而是來自於承認錯誤，並勇於改正、處理它，這就是危機處理的關鍵。

## 養成樂觀的思考方式

英國作家史蒂文生（Robert Lewis Balfour Stevenson）曾說：「樂觀的人在每個不幸中，都能看出絕處逢生的機會。」

的確，想法正面的人，凡事都會往好的方面想，不放棄希望，當然也就不會絕望；負面思考的人，常常事情都還沒開始做，就擔心這煩惱那的，成天緊張兮兮，終至一事無成。

如果你遇到麻煩事，你就像個刺蝟極力反撲，那麼只會逐步破壞你自己的良好形象，並且讓你看起來很不明智，因為許多經驗都表明，勇於承認錯誤不僅能讓對方閉嘴，還能幫助你解決危機。

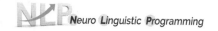

認知勇於承認錯誤與積極思考的正面能量，能為我們開啟機會之窗，你可嘗試下列方法，就能以積極面對的意念，替自己化解一個又一個的危機。

## ◎ 如何積極面對危機？

1. **對自己誠實：** 在不順遂的事發生時，仔細注意自己的想法，把最先浮出腦中的感受，不加修飾也不多增刪地寫下來。

2. **做一個相反的實驗：** 意即做一件與消極反應相反的事，例如，當你對現有的工作懷抱不滿，又覺得不可能找到更好的工作時，不妨做出與此想法相反的行為，例如去看徵才廣告，寄出幾份履歷表，親赴幾場面試。

3. **密切留意「觀察期」：** 注意事情的發展，以驗證你最初想法的對或錯，如果你所處的環境使你抗拒，那就改變它，否則就改變你看事情與思考角度，這是一個很好的辦法，雖然不一定都能奏效，卻能提供你一個機會，或許你的困境並沒有你想像的那麼糟，給自己一段「觀察期」吧！

   同時，在達到目標的過程中，也必須要考慮到失敗的可能性與解決機制，列出解決所有失敗的幾帖良方，以及它們各自的可行程度，若不到走投無路，不要輕言放棄。

4. **冷靜地做出決定：** 千萬別陷在絕望的深淵，一直反覆地「品嚐」挫敗的酸澀，事實上，你只需考慮——是繼續走這條路嗎？還是改變路上的景觀？當然，也可以果斷決定換條路走！

「想以最快的速度成功，就要與周遭那些經常發表負面言論的個人與團體保持距離。」積極的想法能帶給你積極的行動和反應，否則反之。

## 正面心態的成功機率

正面心態就是所謂的PMA（Positive Mental Attitude，積極心態）。一般人對成功者的最大誤解，要不他一定是個天才，要不就是具備某種我們不可能擁有的環境條件。其實成功者與一般人在天賦上的差異極小，但在心態上的差異卻極大。

舉例來說，有兩名囚犯同時從監獄中的鐵窗向外觀望，具PMA者看到了滿天星星，具NMA（Negative Mental Attitude，消極心態）的人，卻只看到了地上的爛泥，你認為兩人出獄後，誰金盆洗手、東山再起的機會比較大呢？

## 驗證錯誤，才能產生更扎實的學問

作家「王溢嘉」在部落格中曾提到這個故事：

「月落烏啼霜滿天，江楓漁火對愁眠；姑蘇城外寒山寺，夜半鐘聲到客船。」唐朝張繼的這首《楓橋夜泊》膾炙人口，但當我們讚賞之餘，是否覺得詩中有什麼奇怪之處？在宋朝時，就有人對「夜半鐘聲到客船」這一句提出了質疑。

因為所謂的「夜半」，不是大家都正在歇息的時候嗎？寺廟怎麼還會「敲鐘」擾人清夢？寺廟通常都是在清晨敲鐘，黃昏擊鼓，也就是所謂的「暮鼓晨鐘」。所以，張繼的詩雖然很優美，但卻是脫離現實的文人想像吧？

　　唐宋八大家之一的「歐陽修」，曾對此表示贊同，認為寺廟在三更半夜敲鐘是「荒唐」的，但是後來有人告訴他，唐朝時很多寺廟都是半夜敲鐘的，而且寒山寺的「夜半鐘聲」更是有名，即使到了宋朝，寒山寺依然保存半夜敲鐘的習慣。

　　在被指正之後，「歐陽修」立刻公開承認自己的錯誤，在不了解唐朝寺廟的規矩，也沒有親自去查證的狀況下，就「理所當然」地附和別人的意見，他對自己的這種「人云亦云」深感慚愧。

　　這則歷史典故告訴我們兩件事：一是我們不管閱讀什麼東西，都不能被動地全盤接受，要經過自己的思考，當發現疑問時，就要查證清楚，不能主觀認定，想當然爾地下判斷；二是在發現自己的錯誤時，必須承認錯誤，在不斷地思考、疑問、驗證與糾正錯誤的過程中，才能提升自我更扎實的學問與分析問題的敏銳度。

### 這樣做最關鍵

　　承認錯誤並非罪過，而是美德。三國時期的諸葛亮第一次出兵進攻魏國時，因手下馬謖的浮躁，被魏國打敗，固然錯在馬謖，但諸葛亮認為是自己用人失當，責無旁貸，於是主動上表自貶三級，引咎責躬，並要求下屬「勤攻吾之缺」，終贏得人們的信任。

　　俗諺說：「人誰無過？過而能改，善莫大焉。」因此，承認錯誤絕對不是罪過，而是一種智慧與美德，幫自己也能幫別人，何樂而不為？

 **4-2 升級解除困境的創造性思考**

## 「創新」，現代社會的核心能力

現代管理學之父彼得‧杜拉克（Peter Ferdinand Drucker）說：「人和組織都需要一項最重要的核心能力，那就是『創新』。」

創新是成長的動能、成功的推力，也就是全球競爭中存續的引擎，現代經濟發展的核心競爭力已經從「知識」轉向「創意」，當今熱門的話題不再是「知識經濟」，而是轉為「創意經濟」。

創新是當前最珍貴的財富，如果你具有這種能力，就能在平淡的生活找到機會，進而思考出最好的方法，解決所面臨的各種問題。

## 「八十日圓的膏藥」

「松本清」是日本最大的連鎖藥妝店，許多台灣觀光客到日本旅遊時，總會去松本清「掃貨」一番，且其販賣的相關藥妝在網路拍賣的銷售量也相當驚人。

如此受到歡迎的藥妝店是如何起家的？曾任日本松戶市市長的「松本清」先生，在他當年經營的「創意藥局」時，曾將當時售價二百日圓的膏藥，以八十日圓售出，由於這個售價實在是太便宜了，所以「創意藥局」生意興隆，門庭若市。

他這樣不惜血本地銷售膏藥，雖然使得該品牌膏藥的銷售量越來越大，但是店裡的赤字卻越來越高，這樣虧本做生意到底可不可行呢？

事實上，前來購買膏藥的人，幾乎都會順便購買些別的藥品，這當然也是有利有圖的，靠著其他藥品的利潤，不但彌補了膏藥的虧損，同時也為藥局的經營創造了前所未有的盈餘。

這種「明虧暗賺」的創意，以降低一種商品的價格，同時促銷其他商品，不僅吸引了顧客，也大大提高了知名度，有名有利，說得上是一舉數得的創意促銷高招。

## 「創新」是沒有限制的

首先讓我們釐清「創意性思考」的含意，多數人都會將「創意性思考」，想像成藝術作品、小說、劇本創作、3C產品或某些高科技的發明等等。沒錯，這些都是進行創新思考之後的結果，但是，創新並不是某些行業專有的，也不是天才或者聰明人才能做的。

那麼，究竟什麼是「創新」呢？

我們說，一個低收入戶家庭透過進階的理財規劃，使孩子能讀上一流大學，這是創新；一個社區設法將環境髒亂的街道改變得煥然一新，這也是創新；設法簡化複雜的資料庫、讓孩子願意吃下討厭的蔬菜、減少員工摸魚的機會、防止一場爭執的發生、找到一個方法改變現狀等等，這都是生活中每天都會發生，都有可能發生的「創新實例」。

要迅速達到目標，光是按照固有經驗來執行，並無法達到事半功倍的效果。創造全新事物的人才得以勝出。然而，究竟要如何在生活中培養創新內涵呢？以下列出六個重點，供讀者朋友們參考：

## ☑ 從塑造「差異化」開始

　　仔細想想，雞排難道只有金黃色一種可能嗎？雞排難道必定與油膩和高熱量難分難捨嗎？也有雞排業者在餐車上安裝了最新型的紅外線燒烤爐，讓油炸過的雞排再一次碳烤，大幅降低含油量，並開發出十二種顏色，代表十二種口味，例如和風蜜汁、黑胡椒、咖哩等等口味，不只讓傳統雞排的口味產生了新的面貌，也讓向來被視為「體重剋星」的雞排也能吃得健康，這就是區隔出市場的一種差異化。

## ☑ 創新也是推廣觀念的良藥

　　除了商業應用之外，在觀念的宣導之上也醞釀著驚人的創意。

　　一般的捷運站都設有電扶梯與樓梯，大多數人都會選擇較為省力的電扶梯搭乘。瑞典首都斯德哥爾摩因此進行一項實驗，把原先灰暗的水泥樓梯，彩繪成黑白相間的琴鍵，結果竟然有高達66%的民眾選擇走樓梯，並且都樂於在「鍵盤樓梯」上行走。

　　創新的目的不只是商機，而是突破瓶頸的良藥、推廣觀念的靈丹，有時在某處吃了閉門羹，稍添一點創意，就能讓問題迎刃而解。

## ☑ 對事物時時保持好奇心

　　英國科學家牛頓在少年時期就有很強的好奇心，他經常在夜晚仰望天上的星星和月亮，思考星星和月亮。為什麼在天上？星星和月亮都在天空運轉著，又為什麼不會相撞？種種疑問，都激發著他的探索欲望，

**131**

後來，終於他發現了萬有引力定律。

提出問題，就能思考問題，在學習的過程中，自己如果不提出疑問，那才是最大的問題，因為好奇心往往蘊含著強烈的求知欲，和追根究底的探索精神，誰想在茫茫人海中獲得成功，就必須有強烈的好奇心。正如愛因斯坦所言：「我沒有特別的天賦，只有強烈的好奇心。」

具備強烈的好奇心是我們探索任何事物的原動力，在平凡中尋求其他可能，懷疑現狀，追求創新，敢於挑戰舊思維和獨排眾議，忠於自己的想法，就能在面對問題時，兵來將擋，水來土掩。

## ◎ 對所學習和研究的事物抱持懷疑

即使本身已博學多聞，但面對問題時仍須存疑。

許多科學家對於知識的揚棄，對謬誤的否定，無不自懷疑開始。義大利物理學家伽利略正是因為對古希臘哲學家亞里斯多德「物體依本身的輕重而落下有快有慢」的結論存疑，發現了自由落體定律。

「懷疑」是發自內在的創造潛能，激發人們去鑽研和探索答案，不要總認為被人驗證過的都是真理，知識再淵博精深的教授學者，都可能出現缺陷和疏漏，不要盲目迷信權威，並且要大膽懷疑，小心求證，這是培養創新的出發點。

## ◎ 具有追求創新的野心

如果沒有強烈追求創新的野心，那麼無論怎麼謙虛和好學，最終都是模仿或抄襲，只能在過去畫好的圈圈裡打轉。然而創新的欲望就是在當前的事物之外，想像是否還有別種可能，並且透過積極不懈的努力，克服創新過程的各種困難。讓既有的事物呈現嶄新風貌，或是直接開發

出比既有事物更加完備的新方式或新產品。

## ✅ 對所要追求的真相有冒險精神

創新實質上是一種冒險，因為否定人們習以為常的舊思想，時常會遭致公眾的反對，例如波蘭天文學家哥白尼的「日心說」，就嚴重挑戰了當時教會勢力的地心觀點。

創新的冒險並不是那些危及生命和肢體安全的「冒險」，而是一種合理性的冒險，絕大多數人不會成為偉人，但至少要勇於獨排眾議。盡力追求自己所認知的真相。

一個具有創造性思考的人，如果停止去想另一種更新的、更好的可能，或已習慣了一種成功的思維，而不再納入其他思維模式，就會變得驕傲自滿，即使曾經享有創新的果實，未來也只會停滯不前。

創新並非簡單的模仿，因此我們在有創新成果之前，必須要有「求異」的觀念，因為求異實質上就是多個角度思考，找出不只一種的構成方法，並將各種結果進行比較，挑選出最為獨特與出色的一種。越是與他人「不一樣」，越不隨著當前的事物「人云亦云」，那麼脫穎而出的機率就會越高。

## 4-3 逐步培養獨立思考的能力

### 拒絕人云亦云

坦白說，獨立思考和解決問題的能力是目前社會最欠缺的能力之一，人們總是人云亦云，容易受到媒體操控。那些從電視上、報紙上、網路上看到的資訊都是媒體單方面「餵養」給視聽者的情報，並非全然是真相，所謂的「媒體亂象」，經常也等同於「社會亂源」。

也因此，在資訊如此爆炸的年代，如不能擁有獨立思考的能力，就很容易隨聲附和，盲從跟隨，甚至隨之渲染起舞。雖然世間事的是非曲直自有公論，但現今世人大多仍是「隨波逐流」，這就是缺乏獨立思考能力所造成的現象。

### 「從1加到100是多少？」

高斯（Johann Karl Friedrich Gauss）是德國著名的數學家和物理學家。

當高斯小學四年級時，老師出了一道數學題目：「大家知道從1加到100是多少嗎？」五分鐘之後，高斯默默地舉起手，說出了正確答案：「是5050。」老師非常驚訝，這使他相信這個孩子是天才兒童。當然，答案的對錯與每個人的計算方式有關，但幾乎沒有學生能在這麼快的時

間內說出正確答案，然而高斯做到了。

同樣這個問題，如果是一般的孩子，是不是就先從小開始加到大，或者是從大加到小呢？但高斯並沒有這樣做，他拿到題目後並不是馬上開始計算，而是「先觀察」。然後他便發現了「1 ＋ 100 ＝ 101」，「2 ＋ 99 ＝ 101」……，接下來他只要知道從 1 到 100 裡有幾個這樣的「組合」，就可以知道正確答案為何了。

## 「三思而後行」的道理

聯強國際總裁兼執行長杜書伍曾說：「如果你專心投入於某項事務，大約二到三年，你就能體悟到此事內涵的 know-how，是如此迷人。它會變成你的興趣，讓你著迷於追求那個 know-how 的喜悅，然後就像滾雪球一樣，越滾越大。」

也許你會經常遇到想不通和無法理解的情況，那麼，我告訴你：「想不通可以先溝通，無法理解就先觀察。」即便你在接受任務時，還不具備解決問題的條件，那也要千方百計地去克服困難，為最後的達成目標創造條件。你需要先具備這種心態，才能引發自我的潛力，進而解除危機。

在行動之前先思考，比較出哪一種是最省時省力的方法，這才是最有效的解決方式，也是我們都該學會的處事態度。

### 養成獨立思考的習慣

台積電董事長張忠謀在接受《天下雜誌》訪問時，也曾表示當他在

哈佛及麻省理工學院唸書時，都學到了兩種重要的能力，一是「懂得並養成如何學習」，二是學會「獨立思考的習慣與方法」。

他更說明：「方法是要有紀律、有系統、有計畫。系統是指一套一套的學問，並不是今天看一點小說，明天看一點歷史，後天看一點藝術，這是隨興、沒有系統的學習，效果很低。」

「至於有紀律，就是每天看。獨立思考要有知識基礎，基礎則是隨著終身學習慢慢建立起來，累積思考的材料。對所有的書籍、資料，也要發展『合理的懷疑』，因為沒有一個人講的話是完全正確的，所謂『盡信書不如無書』，我們必須保持獨立思考、自行研判的清醒。」

如果年輕人能及早建立起有目標、有系統、有紀律的終身學習習慣，那麼即便在畢業之後的日子裡，依舊能持續成長，保持一顆尋找真相的心。

培養獨立思考的能力，能讓我們重新產生一探究竟的好奇心，與不達目的絕不甘休的決心。如果一個人只接收他人思考過、整理過的資訊，那麼最好的理解結果，就僅僅只是他人所能達到的程度而已，但如果我們能養成習慣，對一件事進行多種面向的思考，那麼就能產生更多「你自己的發現」，也就不至於被「洗腦」了。

## ◎ 遭遇困境，運用逆向思維

如果你能突破常規思維，有意識地運用與一般思考方式或習慣背道而馳的逆向思考法，那麼往往會出現意想不到的效果。反其道而行，運用逆向思維來創造機會，有時反而收穫更大。

### ★ 逆向思維例子

若要能運用逆向思維來創造商機，你可從以下幾個方向思考：

**與季節相逆：推出反季商品**

例如冬季推出夏季需要的商品，夏季反賣冬季需要的商品。此時的消費者雖然少，但經營者更少。而且，這種方法順應了某些顧客的購買心理，認為淡季就可以買到更便宜的商品，能強化吸引力。

**與新產品相逆：推出「復古」商品**

例如銷售古典傢俱，就滿足了人們消費行為上的「懷舊心理」。

**與商品品質相逆：推出實惠商品**

品質無疑是商品的生命，但並非所有商品的內在技術越高，銷售量就會越高。像現在很多的毛巾、內衣、鞋子等，都開始有「一次使用型」的趨勢，這就是一個尚未氾濫的商機。

## ★ 逆向思維法則

逆向思維脫離了傳統的思維框架，運用逆向思維掌握市場消費者的「新鮮感」，適時地投放「新鮮商品」，引導和改變消費者的偏好，在流行之中創立獨行，在熱門之中爆冷門，這些都是逆向思考創造商機的重要法則。

若你能在日常生活中時時注意以下三點，對提升逆向思維能力會有莫大的助益：

**逆正常思維：**所謂的正常思維，就是我們常接觸到的思考模式，如果將這些思維倒轉，可能會帶來另一種刺激。

有位裁縫師不小心將一件極為昂貴的名牌裙子燒破了一個洞，它的價值頓時跌落千丈。一般人只會懊惱埋怨自己，但這位裁縫師卻突發奇想，在小洞的周圍又剪了許多小洞，飾以金邊，取名「金邊鳳尾裙」。後來一傳十，十傳百，鳳尾裙銷路大開，裁縫師將缺點轉為優點的做法，為他創造了驚人的經濟效益。

**逆一般思維：**這是一種與大眾日常認知有別的特殊思維方式。

例如，商店經營者通常以「多數本位」分析大眾市場，而具有「逆一般思維」的業者，則開發出「少數本位」專攻分眾與小眾市場，例如只允許帶寵物進入的家庭寵物餐廳、規定用右手者不准進入的左撇子商店等。據說有義大利商人創造「限客進店」的經營方式也是採取這種方法，包括：只允許八歲以下兒童，或由兒童帶領大人才可進入的商店、不准青壯年顧客進入的老年商店、非孕婦不許進入的孕婦商店等等。

**逆流行思維：**不追逐潮流，亦即所謂「爆冷門」的創新思維。

就一般人的消費習性而言，某種物品價格上升，則需求減少；但具有逆流行思想的人，會隨著商品價格的上升，增加此商品的消費，以顯示自己不同於一般的社會大眾，此即經濟學中的「炫耀性消費」。

法國社會學家布爾迪厄（Pierre Bourdieu）即指出，各個階層會透過在食衣住行、消費習慣、休閒活動與生活型態等方面，發展出不同的習慣，進而創造出自身的「秀異」（distinction）。

例如款式、材質差不多的皮鞋，在高檔百貨公司的售價約是普通鞋店價格的數倍以上，卻還是有人願意掏錢購買。探究其因，消費者購買這類商品的目的並非只是為了獲得物質享受，更大程度上是為了取得心靈滿足與品味追求。

也因此商家採用逆向操作方式，提高售價，營造商品獨樹一格的名貴形象，反而能加強消費者對商品的好感。

這種反其道而行的做法，應用在生活上確實衝擊力十足。當人們對常規性的方法習以為常，甚至因為接收過多的訊息而感到不耐煩時，適時應用逆反戰術，刻意違背常理地「揚惡隱善」，往往會產生「於無聲處聽驚雷」的效果。

## ◎ 提升專注力是獨立思考的前提

根據一項「臺灣上班族專注力調查報告」發現，超過九成的上班族曾有過專注力不足狀況，還有超過八成因此使工作出錯。常發生的狀況包括漏聽、忘記老闆交代事項、事情做不完、上班打瞌睡或者開會無法集中精神等等。

為避免不出錯與確實達成目標，提升專注力是必要關鍵。在此特別整理出提升專注力的五大妙招：

### ❶ 睡眠充足

精神不濟是導致專注力不足的主要原因，所以良好的睡眠品質，是提升專注力的第一步。建議晚上睡前兩小時，避免接觸具有強烈聲光效果的事物，例如追劇、打電玩等活動，不妨聽輕音樂、喝熱牛奶或閱讀，比較能幫助入眠，並且每天要盡可能睡足七小時，讓身體得到充分休息。

### ❷ 一次只做一件事

手裡做著這件事，心裡又想著另一件事，很容易降低專注力。況且當你不斷分心想著其他未完成的事時，更容易產生緊張與壓力，反而無法集中注意力。

例如很多人為了節省時間會一邊工作一邊用餐，結果反而分散了專注力，降低效率、甚至提高失誤率。此外進食時，會導致血糖升高、胰島素分泌失調，體內血液會集中於消化道，若是大腦同時劇烈運作，就會使消化系統降低工作效率，導致消化不良。

在此建議先做好時間規劃，於執行前先條列好當天要做的事，然後一件一件依次完成。也提醒讀者在切割時間時，要在每件事之間預留空檔，才不會因臨時有其他突發狀況而亂了陣腳。

### ❹ 轉移注意力

隨著工作時間拉長，專注力自然跟著降低。一旦發現自己經常分心，不妨暫時停下手邊工作，也就是暫時轉移注意力，例如去倒杯水、閉目養神、到陽臺走走，當你整理好思緒，再回到工作崗位時，往往可以有效提升專注力。此外，吃一點有較強咀嚼感的食物或口香糖，也能提振精神，使大腦保持活力。

### ❺ 保持單純的工作環境

擺滿雜物的工作環境容易導致分心，如果辦公桌不夠大，至少要保持眼前的工作範圍沒有雜物，零食、手機、小盆栽等物品，盡量擺在工作時視線無法觸及之處。

此外，不要把休閒物品放在工作空間中，例如電動玩具、MP3，電腦視窗只開啟工作需要的部分，不要一邊掛著線上遊戲、購物網頁或FB、IG、LINE等社群平台。

### ❻ 分離工作與生活

某些人的壞習慣是把生活與工作混為一談，例如一邊工作，一邊在網路訂旅遊機票，或不斷想著等一下要去哪家銀行繳卡費，又或者是哪家便利商店繳電話費等個人瑣事。建議把這些事寫下來，擱在一旁，待有空檔時再去處理。

這樣做最關鍵

微軟前CEO比爾·蓋茲說：「一個成功者，應該是一個積極主動地提高自身能力的人。這樣的人，不必依靠任何管理手段，就能觸發他的主動積極性。」每個人都必須對自己懷抱一種期許，那就是不只做別人交代的事，而要運用你的判斷和自我要求，主動去做其他「不該做」的事。所謂「不該做」的事當然不是指違法亂紀的事，也不是要你越俎代庖，而是不要制式化地把自己設限成別人的幫手，不斷地等待命令，反而喪失了自我的主見。

**NLP 便利貼**

## 創造未來景象
### ～不知道如何做選擇時可以使用

當事情有不只一個選擇時，我們經常會陷於迷惘之中，不知如何取捨。其中一個方法是憑著各個選擇的未來景象，知道潛意識的取向。例如你在某件事上有三個選擇，不知道應挑選哪一個。你可以按以下步驟去做：

▶ **步驟一**：找個平靜環境坐下，做三個深呼吸，使內心平靜輕鬆。

▶ **步驟二**：挑選其中一個選擇，創造它的未來的景象，其中應該有充分視、聽、感覺的內容。充分注意各種經驗的體會。

▶ **步驟三**：檢查一下現有的選擇數目，逐一弄清其一定的條件細節，再想一想事情完成後適當做回顧的時刻（例如買房，會是在一個月

以後，換工作則會是六個月或一年後，這時才會知道所作的選擇是否正確，依此類推）。

▶ **步驟四**：挑另外一個選擇，重複步驟三的過程。試著給所有的選擇都創造一個未來景象。

▶ **步驟五**：打破狀態，把所有選擇的未來景象同時排列在腦海中（若有困難，可以一次只用兩張作比較、淘汰），找出各項經驗元素最強烈的一個未來景象，這便是潛意識最認同的選擇。

創造未來景象的過程，不僅能幫助你釐清選擇的方向，也是一種深刻的自我探索旅程。在這個過程中，你將透過對目標和選擇的思考，逐步了解自己的價值觀、內心的渴望，以及驅動自己前進的真正動力。這不僅僅是為了解決當下的困惑，更是一次重新認識自我的機會。

當你試圖勾勒未來景象時，可能會感受到內心深處的矛盾和掙扎，但這些情緒正是探索的重要線索。它們提醒你哪些事情是你真正重視的，哪些選擇可能只是被外界期望或壓力所驅使。透過這些線索，你可以更清楚地辨別哪些方向是發自內心的選擇，而哪些只是過渡性的妥協。

此外，這個過程也是增強自信心的契機。每一步的想像與規劃，都是在為你的未來奠定基礎。隨著你逐步具體化目標，並將其分解為可執行的行動，你會發現自己其實擁有更多掌控未來的能力，而不是被環境或他人的期待所驅使。這種掌控感不僅讓你在做出決定時更有信心，也讓你更能專注於那些真正重要的事情。

# 4-4 提升能提出合理質疑的思考力

## 「學源於思，思源於疑」

質疑是社會進步的不竭動力，也是個人成長的開始。

想要輕鬆地解決問題，不妨試著轉換思考模式，如果我們平時能多訓練洞察力和強化思維能力，那麼打破舊有僵化的觀念或刻板印象，將不會是太困難的事。

## 「試著更接近事物的本質」

理查茲（Dickinson Woodruff Richards）是美國著名的化學家，也是美國第一個得到諾貝爾化學獎的人，他被人們稱之為「測定原子量專家」。

理查茲從不迷信權威，他對以前的原子量提出質疑，並改進了測量方法，重新精準核定了六十多種元素的原子量，並對鉛的同位素進行了研究。

他除了在哈佛大學任教之外，還兼任吉布斯研究所所長，曾兩次被選為美國化學會會長。此外，他更是一個以諄諄善誘而聞名的教授，培養了許多知名的物理化學家。

在這些榮譽的背後，我們不能忽視的是理查茲不斷思考、抱著懷

疑，並持續地尋找解決方法時背後的努力。

理查茲是一位手巧且實驗技術高超的化學家，他的學術生涯都致力於更精準的測試，如原子量、表面張力、能量變化、電化學數據等基本自然常數。以驗證某些自然規律，追求對自然奧秘有更深入的了解。

理查茲總認為，自然界所表現出的某些不均勻、不規律的「異常現象」，就像是一個裂縫，而我們從裂縫中進行研究，就更容易接近事物的本質。

他在研究上總是精益求精，他發表了約三百萬的論文當中，他往往一而再，再而三地重新校驗前人（也包括自己）的研究結果，充分表現出了他不懈追求真相的精神。理查茲在實驗中總是抱持著十分嚴謹的態度，對測試的每一個細節都必然細心地審視。

他將自己從事精密化學研究的經驗總結在《精密化學研究方法》一書中。在書中，他清楚地指出，從事精密研究的人，應該遵循的方法和需要注意的事項，強調人們不應滿足於現有的試驗方法與科學理論，對實驗的每一步驟都應該抱有疑問，盡量避免每一種會造成誤差的可能性。同時要有無限的耐心，因為只有經過持續不懈的努力，才能得知最終的真相。

理查茲就是突破了過去無數人優秀表現的「束縛」之後，保持著先思考，再質疑的做法，才能發現更精準測量原子量的方法。

## 🔑 習慣「思考」

大部分的人們習慣於慣性思維模式，意即對於任何問題，通常只是習慣性地單一方向、單一角度、僵化的思考。

甚至不少人面對問題或研究學問時，根本缺乏「思考」的意願，只一昧地欲獲得解答，正所謂「學而不思則罔」，若能改變慣性思維模式，便可用更大的力度抓住機會，或主動創造機會。

　　一旦我們能培養提出質疑的能力，那麼許多看似困難的問題也就能迎刃而解，你可以怎麼做呢？

### ◉ 根據輕重緩急列出清單

　　做事之前先訂立計畫，如此，就能很好地紓解壓力。因為主動做了規劃之後，你就能知道下一步該怎麼做，而不只是被動的接受。

　　當許多事情都需要處理時，我們可以根據輕重緩急列出一個清單，如此既能有全面性的規劃，也能將看起來毫無頭緒的事情逐一分解。除了做起事來能有序不雜亂，「心中有數」，還能減少多餘的擔心。

### ◉ 主動接觸與更新最新的潮流

　　任何人若想出奇制勝，首要條件就是經常吸收新知，了解現今潮流，例如風靡網路世界的社群平臺：Facebook（臉書）、Twitter（推特）、IG和各家部落格等，原本只是個人抒發心情，分享心得的小天地，後來許多企業看準部落格的瀏覽人次蘊含無限商機，因此與部落客合作，要求版主在部落格上刊登廣告或是撰寫推薦文章，版主不僅能藉此獲得利潤，企業也得以大幅拉抬產品曝光率，實在是最好的雙贏。

## ◎ 忙中有閒的思維模式

處理任何問題都要保有中庸之道，過與不及都會產生反效果，就如同被拉開的橡皮筋，一旦被拉扯到超過彈性限度，將會造成彈性疲乏，從而失去伸縮功能。人類思維也是如此，不懂得放鬆自己，讓自己經常處於緊張之中，只是有害無益。

根據研究顯示，當人的壓力超過正常值，創造力與智力都只有平時的45%，因此，多面向思考必須在「身心都準備好」的情況下，才能有效發揮。

## ◎ 後退一步，重新客觀診斷

現為哈佛商學院管理實務課的教授羅伯特‧凱普蘭（Robert S. Kaplan）在著作中寫道，多數人都以為，偉大的領導人之所以偉大，是因為他們「夠幸運」，總能找到正確答案，他們以為這是領導人「天生」就有的敏銳直覺，不論碰到什麼難解的狀況，都知道該怎麼做。

例如：他們總是知道如何激勵所有員工，知道怎麼有效開拓事業版圖等等，我們很容易認為優秀的領導者天生就是帶人的料，或是領導魅力十足，和我們這些凡人原本就不一樣。

但凱普蘭可不這麼認為，他表示：他從一開始的公司主管，一路到哈佛商學院的管理實務課程教授。這二十五年來，他曾帶領過一些公司，也定期提供諮詢服務給各領域的管理階層和領導人。他不諱言他曾犯過錯，但也因此找出了增進決策效率的方法，並清楚了解到哪些領導方式會削弱公司的表現。

凱普蘭從這些經驗發現，所有成功的領導人都曾經經歷過重大的煩惱與低潮時刻，對自己所做的決定一點也不確定，幾乎沒有例外，他們

也總會想，為何其他主管工作時起來淡定得多？他們也同樣會經歷痛苦的撞牆期，得費一番功夫找答案，即使他們看起來相當有自信和氣勢，但其實內心深處仍充滿了不確定與恐懼。

但凱普蘭認為，領導人是否能發揮潛力，差別在於他們「面臨困惑與不確定時如何處理」，重點不在於「避免」碰到這些艱難時期，而是知道當危機來臨時，如何先「後退一步」，「診斷」眼前的狀況，再重新整頓，向前穩穩地邁進，這就是管理人必備的重要特質。

## ◎ 合理借鑑他人成果，再進行思考

在哈佛大學，每位新生入學時，都會收到《哈佛學習生活指南》這本冊子。而這本書在非常明顯的地方，還用加大、加粗的字體，套色印著下列兩段話：

「獨立思考是美國學者的最高價值。美國高等教育體系以最嚴肅的態度，反對將他人的著作或者觀點據為己有——即所謂剽竊。每一個這樣做的學生，都將受到嚴厲懲罰，直至被大學驅逐出去。」

「當你在準備任何類型的學術論文，包括口頭發表、平時作業、考試論文等時，你必須明確地指出，你的文章中有哪些觀點是從別人的著作，或者從任何形式的文字材料上，移入或者借鑑而來的。」

當我們擁有自己的思考方式，還要能趨向理性，合理的運用他人的資訊與成果分享，除了借鑑他人，還要能獨立思考，那麼所得出的結論就會帶有真實的自我意識，而這也是我們最該培養的能力之一。

## ◎ 具理性的邏輯上思維能力

例如邏輯上的「或（or）」表示並聯式的思維模式，「且（and）」

表示串聯式的思維模式，而「p→q」與「~q→~p」兩者意義相同等等基礎邏輯概念，都要用在有系統的思考路徑上。

　　所謂有系統，指的是遵從次序，且不遺漏也不重複。理性的相對是感性，所以成功者通常都不會因過度情緒化而影響合理判斷，他們的EQ高於常人的平均值，養成思維的條理性、無形的思路，就可以自動形成組織，在關鍵時刻發揮作用。

 這樣做最關鍵

　　在過去傳統的勞力密集產業，只要賣力打拼就能稍有成就，然而，現今的趨勢則是以智慧型人才掛帥，「方法」的價值已然凌駕於埋頭苦幹，沒有獨到的思維模式與見解，就難以達到心中所企望的目標。

　　而所有善於處理問題的共同特質，就是全面拓展「多面向思維」，一言以蔽之，即是跳脫當下工作的狹隘視野，把自己逐步提升到更新的高度，不只要有用顯微鏡審查細節的洞見，更要有居高臨下、鳥瞰塵世的宏觀智識。

# 4-5 強化找對方法、解決問題的能力

## 新世代菁英必備能力「問題解決力」

這是一個沒有標準答案的時代，日本管理大師大前研一在名著《即戰力——如何成為世界通用的人才》中，將「問題解決力」置於新世代菁英必備能力的首位，即能從錯誤的結果，推導出形成錯誤的鎖鏈，從中抽絲剝繭，看穿問題核心，進而清除問題的根源，在沒有標準答案的前提下，自己「創造答案」。

隨著網路資源唾手可得，幾乎只要按一個「Search」鍵，就會有無數答案映入眼簾。然而，省卻了尋找答案的訓練，就形同啃蝕問題的解決能力。將在無形中削弱自身邁向成功的資本。

數位科技的誕生如同雙面刃，既帶來日常生活中的便利與效率，卻也同步攜來更多毫無前例的問題。正如「大前研一」所言，「舊道路再也無法通往新的成功」，若能超脫紙本理論與昔日經驗的根基，掌握「問題解決力」的精髓，即可將種種不確定性逐一攻破，找到自己獨一無二的成功捷徑。

## 「你水管」了嗎？

YouTube創辦人陳士駿，是臺灣出生的美國華裔企業家，也是網

路影音分享網站YouTube的創辦人之一。目前是美國雜誌《Business 2.0》公佈的全球排名第二十八位最具影響力的企業人物。

他在不到三十歲的年紀，透過這個極富魅力的全球共享影音平臺，狠狠擊敗了搜尋引擎龍頭Google，一夕之間從債臺高築變成百億身價，這一切的根源，即是他曾在伊利諾數學與科學學會附屬高中（IMSA）與伊利諾大學香檳分校，受過「問題解決」教育，以及他後來為了解決問題所付出的「實踐行動」。

YouTube成立之初，原本只是陳士駿要用來與朋友互相分享影片而已，沒想到開放之後，廣受網友青睞，越來越多人上傳影片到YouTube，YouTube因此開始聲名大噪。

此外，YouTube的念法並不是You‧To‧be，正確地唸法應該是You‧Tube！Tube原是水管的意思，所以多數網友喜愛將YouTube開玩笑地稱為「你水管」。

在一次陳士駿與友人的聚會上，與會者拍攝了許多活動短片，然而卻在會後發現沒有合適的影音平臺得以分享，其中不外乎是上傳功能的限制，或是網站的審查機制，讓影片分享步驟繁瑣、資訊無法即時交換，陳士駿是主修電腦科學出身，面對眼前的技術問題，不由得躍躍欲試，決定與同事攜手建構一個便利的影音分享平臺，克服這個全世界都可能遇到的障礙。

為了解決當時影片分享的困境，陳士駿經由「換位思考」，將自己假設為消費者，推出了「嵌入式服務」這項創舉，讓上傳影音的使用者，可以輕易在自己的網頁上瀏覽畫面。

除此之外，上傳影片不需使用特定軟體、不須經過審查機制，甚至還有會員專屬的片單管理訂閱系統等等，不僅為消費者遇到的分享「問

題」，提供了一個完美的「答案」，更率先解決了許多消費者尚未提出的問題，也印證了「科技始終來自人性」這句名言。

　　找問題，就像在前往目標的旅程中，先行勘測出路面的起伏與窟窿，預見未來可能遭遇的顛簸；而找答案，則是用智慧的結晶填補這些坑洞，鏟平所有通往成功的險阻。

　　因此，「發現問題」是一門學問，「解決問題」則是更為深層的功夫。找問題固然重要，但應隨時讓「不只找問題，還要找答案」的哲學縈繫於心。在問題當前保持從容沉著，剝除繁瑣的知識外衣，透過傑出的邏輯思考、創新的方案發想，生產出能與問題百分之一百契合的鎖鑰，就能在既有的荊棘叢間，開啟一扇通往目標的大門。

　　那麼，究竟要如何培養解決問題的能力？這必須從日常生活中開始訓練，下列幾項方法，供讀者朋友們參考。

### ◎ 集思廣義，為你所用

　　正所謂「三個臭皮匠，勝過一個諸葛亮」，號召你的親朋好友，集思廣益，為你的腦袋注入源源不絕的新創意。當我們在人生道路上遇到兩難的抉擇時；當我們在工作上遇到挫折時；當我們在人際關係上遇到難以處理的問題時，家人、朋友、同事、主管的意見都能幫助你脫離思考的瓶頸，以不同見解，帶你抽離固有思維，協助你成功找出解決方案。

### ◎ 盡可能尋求多種答案

　　要拓展思路，就不能滿足於一種解決模式，而應學會多種思考途徑來分析現有問題，便能突破現況，開創新局。因此訓練從單一的線性思

維走入多面向思維，能使自己盡速達成目標。

## ◉ 大量閱讀的知識戰爭年代

根據統計，世界前500家大企業的CEO，至少每個星期要翻閱三十份以上的雜誌和圖書資訊，一個月總計一百多本，一年則多達一千本以上。這裡的翻閱當然不是草率瀏覽，而是用最有效率的方式，從大量的資訊當中，過濾出對自己有利的資訊。

李嘉誠說：「未來的經濟戰場，是以知識為基礎的戰爭，因此，成功領袖的必備條件是要善用知識。」

李嘉誠六十年來始終堅持的活動便是在就寢前「閱讀」，他始終抱持著「學如不及，猶恐失之」的心態，不斷更新自己的學識。

而城邦集團執行長何飛鵬在《自慢》一書中說：「許多失敗者從來不讀書，因為忙在工作中都已經來不及了，而這是絕對的錯誤，書是人類社會最寶貴的資產，會從書中找答案的人，將少走很多冤枉路。」他們都是透過書中的啟發，經由內化思考而成功運用在生活與工作上，進而取得令人稱羨的成就，其最大關鍵就在用閱讀強化思考。

學習的目的是為了給自己補充能量，在現下的知識經濟時代，知識更新的週期越來越短，只有不斷的學習，才能不斷汲取新的能量，使自己適應社會的發展。只有具備學習進取的心態，才不會滿於現狀，願意探索和追求，不斷地超越自我，讓自己在激烈的競爭中不被淘汰。

**這樣做最關鍵**

　　由於腦中的創意思考經常轉瞬即逝，因此要及時記下，它將有助於你在日後動腦思考時，朝更多元化的面向拓展，即使當下這些提案並沒有被採用，但它不僅觸發了你往後的思路，更讓你得以趁機重整思緒，讓沒被採用的提案逐步增添其可行性。此外，是否能有效解決問題，都取決於你是否經常思考與累積相關的處理經驗。

 **NLP 便利貼**

## 擺脫困境
### ～改變說話的方式可改變心態

　　一個人的內心狀態，可從其說的話中偵知。改變說話方式，可以改變內心狀態。很多人內心的困境，其實都是當事人的一些錯誤信念造成的。

　　以下的五個步驟，幫助我們運用語言把屬於困境的心態，轉化成積極進取，更清晰的行動目標和途徑。例如，一個人說：做不到某一件事。

▶ **步驟一～困境：**我做不到○○。

▶ **步驟二～改寫：**到現在為止，我尚未能做到○○。

▶ **步驟三～因果：**因為過去我不懂得＿＿＿＿＿，所以到現在為止，我還不能做到○○。

▶ **步驟四～假設：**當我學懂＿＿＿＿＿，我便能做到○○。

▶ **步驟五～未來：**我要去學＿＿＿＿＿，我將會做○○。

注意事項：步驟三因果必須是本人能控制或有所行動的事。

「我做不到」事實上是描述一件過去的事實，在當時我沒有這個能力，或者「我不想去做」，但是在未來的歲月裡，我們總想保留「做得到」，或者「想去做」的權利，發生了的事無法改變，然而往事對我們未來的影響卻可以改變，因此「我做不到」不應成為一個阻礙我們向前走的包袱。以上五步驟能讓我們放下過去的包袱，勇往直前。

回頭看步驟一「困境」的話，舉例：我不會游泳，可以感覺到說話者是把自己困在一個狹窄的小圈子裡，就算外面就是游泳池，他卻無可奈何。說的話完全是靜態的。再看看步驟五「未來」，說話者的目標「游泳」，已經完全在掌握之中，他不單有目標，而且清晰可行地達到目標的途徑，所說的話，充滿了動感，他已經恢復到正常的「自己控制自己人生」的狀態，說明如下：

▶ **步驟一～困境：**「我不會游泳」是負面詞語，雖指到此刻為止，我不能游泳，但因為沒有時間指標，說出來就像一句永恆的真理一樣。在我們的大腦當中也正是做出這樣的結果，使得我們無法做出突破。

▶ **步驟二～改寫：**到現在為止，我尚未學會游泳（此時的話語還是屬於負面詞語）。

▶ **步驟三～因果：**因為過去我沒有找到一個「好老師」和「妥善安排時間」，所以到目前為止，我尚未學會游泳。

▶ **步驟四～假設：**當找到一個好老師，並安排出時間去學游泳，我便能學會游泳。

▶ **步驟五～未來：**我已經請朋友幫我介紹游泳教練，並安排每星期六下午都去學游泳，我將會學會游泳。

 **4-6 創造力是一流人才的分水嶺**

## 「創造力」決定你是否為一流人才

　　一個人是否具有創造力，實際上是一流人才和三流人才的分水嶺。

　　創造力是由知識、智力、能力及優良的個性品質等多項複雜因素所構成。它是指產生新思想、發現和創造新事物的能力，它是成功地完成某種創造性活動，所必須擁有的心理品質，例如：創造新概念和新理論、更新技術、發明新設備和新方法、創作作品等，都是創造力的表現。

　　西方有句古諺：「5%的人主動思考，5%的人自認正在思考，5%的人被迫思考，而其餘的人一生都討厭思考。」常保持多面向思考，要是自發行為，而非在強迫狀態下產生的動腦模式，當思考成為一種習慣，解決問題成為一種能力，那麼成功將隨之而至。

## 「創造力」與「智力」沒有絕對關係

　　有人認為，創造力較高的人一般有較高的智力，但智力高的人不一定具有卓越的創造力。根據西方學者研究表示，智商超過一定水準時，智力和創造力之間的區別並不明顯。

　　創造力高的人，對客觀事物中存在的失常、矛盾和不平衡現象，容易產生強烈興趣，對事物的感受性強，能抓住常人所漠視的問題，推敲

入微，意志堅強，自我意識強烈，能認識和批評自己與別人的行為和特點。

創造力與一般能力的區別在於它的新穎和獨創性，它的主要成分是發散思維，即無定向、無約束地從已知，探索到未知的思維方式。按照美國心理學家吉爾福德（Joy Paul Guilford）的看法，當發散思維表現為外部行為時，即為個人的創造能力。

事實上，無論是個人或企業，想要解決困難、達到目標，都必須不斷提出許多點子，並審慎評估執行的可能性，在經過持續推演後，再次淬煉出不同於以往的想法，在這個過程中逐步孵化出理想的解決新策略。

### How to do ~ 怎麼做？

### ◉ 創造力構成可歸為三方面

#### ★ 作為基礎的知識：

包括吸收知識的能力、記憶知識的能力和理解知識的能力。

吸收知識、鞏固知識、掌握專業技術、實際操作技術、累積實踐經驗、擴大知識面、運用知識分析問題，這些都是創造力的基礎。

任何創造都離不開知識，知識豐富有利於更多、更好的提出創造性設想，對設想進行科學的分析、鑑別、簡化、調整和修正，有利於創造方案的實施與檢驗，並且有利於克服自卑心理、增強自信心，這就是創造力的重要內容。

#### ★ 以創造性思維能力為核心的智能：

智能是智力和多種能力的綜合，既包括敏銳且獨特的觀察力、高度

集中的注意力、高效持久的記憶力和靈活自如的創造力，還包括掌握和運用創造原理、技巧和方法等能力，這些都是構成創造力的重要部分。

## ★ 創造個人品質，包括意志、情操等方面的內容：

它建立在一個人生理素質的基礎上，在一定的社會歷史條件下，透過社會活動所形成和發展起來，是創造活動中所表現出來的創造素質。優良素質對創造極為重要，是構成創造力的一大重要部分。

優良的個性品質如永不滿足的進取心、強烈的求知欲、堅韌頑強的意志、積極主動的獨立思考精神等，都是發揮創造力的重要條件和保證。

總之，知識、智能和優良個性品質是創造力構成的基本要素，它們相互作用、相互影響，決定創造力的水準。

## ◎ 創造力的開發關鍵

★ 激發求知欲和好奇心，培養敏銳的觀察力和豐富的想像力，特別是創造性想像，以及善於進行變革和發現新問題或新關係的能力。

★ 重視思維的流暢性、變通性和獨創性。

★ 培養求異思維和求同思維。

★ 培養急驟性聯想能力，急驟性聯想是指集思廣益，在一定時間內採用極迅速的聯想方式，能引起新穎且有創造性的觀點。

## ◎ 團隊激盪：試戴六頂思考帽

六頂思考帽是英國學者愛德華・德博諾（Edward de Bono）博士開發的一種思維訓練模式，或者說是一個全面思考問題的模型，它提供了「平行思維」的工具，避免將時間浪費在互相爭執上，強調的是「能

夠成為什麼」，而非「本身是什麼」，是尋求一條向前發展的路，而不是爭論誰對誰錯。

運用六項思考帽，能使混亂的思考變得更清晰，使團體中協助團隊集思廣益，激發創意。簡單來說，它能夠有效幫助團體：

★「聚焦並且改進想法的過程」

★「鼓勵創造性、平行和水平思考」

★「改進溝通」

★「加速做決定」

★「避免爭論」

這六項思考帽分別為白、紅、黃、黑、綠、藍色，每一種顏色代表一種思考方式，如下說明：

❶ **白色思考帽：中立而客觀，代表客觀的事實與數據。**

→ 我們需要得到什麼資訊？

❷ **紅色思考帽：暗示著憤怒與情感，紅色思考帽代表情緒上的感覺、直覺和預感。**

→ 現在你感覺怎麼樣？你無需刻意的去證明你的感覺。

❸ **黑色思考帽：負面，黑色思考帽也就是考慮事物的負面因素，它是對事物負面因素的注意、判斷和評估。**

→ 這是真的嗎？它會起作用嗎？缺點是什麼？它有什麼問題？為什麼不能做？

❹ **黃色思考帽：耀眼、正面，黃色思考帽代表樂觀、希望與正面思想。**

→ 為什麼值得做？為什麼這個可以做這件事？它為什麼會產生作用？

**❺ 綠色思考帽：草地的顏色，代表創意與創造性新的想法。**

→ 有不同的想法？新的想法、建議和假設是什麼？可能的解決辦法和行動的過程是什麼？其他可能的選擇是什麼？

**❻ 藍色思考帽：天空的顏色，藍色思考帽代表思維過程的控制與組織，它可以控制其他思考帽的使用。**

簡單來說，白色是客觀中立帽、黃色是樂觀積極帽、黑色是謹慎消極帽、紅色是情緒感覺帽、綠色是解決創造帽，而藍色則是指揮管理帽。

在團隊當中，你可以先要求成員依照帽子的顏色扮演各種角色，接著可再分出各小隊，讓每一個小隊內都有不同顏色的帽子，藉此讓成員學習欣賞其他人的觀點，進而提升團隊的共同創造力。

不想「不可能」，才有新點子。史丹佛大學創意中心的執行長婷娜·希莉格（Tina Seelig）說：「腦力激盪時，要避免否決各種提議」，初期先不要檢驗點子能否被執行，那是因為此時的腦力激盪，可以迸出很多創意火花，這個階段的重點是要讓更多點子跑出來，如果一開始就直接思考「這可能做得到嗎」，就往往會扼殺許多創新的可能。

# 第五章

# 助你一臂之力的
# 人際關係力

## 5-1 欠你的人越多，日後的回饋越多

### 人脈在職場上非常重要

很多人因為剛邁入社會，涉世不深、閱歷較淺、性格內向、不擅辭令，導致內心拘謹，害怕交際，平時寡言冷淡、行動拘束，不願與人多來往，這些行為都會阻礙他們將來計畫與期望的實現，可以說，怯懦心理是束縛思想行為的繩索，應斷之、棄之。

正是因為存在著這樣的不良心態，有不少新入職場的年輕人，由於對於環境陌生，特別喜歡找一起進入公司的「同期夥伴」，尋求一種相依為命的「革命情感」，什麼時候、什麼事情都喜歡湊在一起，覺得這樣才有安全感，其實這是錯誤的做法。

### 「不可或缺的關係」

處理人際關係的能力，除了對於實踐個人目標而言相當重要，對領導者欲推動政策而言具有更龐大的影響力。例如一家公司在技術研究和開發方面，溝通和說服他人是決勝關鍵，以公司開發出一項先進技術為例，要將其變成產品，首先便要說服公司的決策階層。

除了要準備詳盡的產品建議書，搭配精彩的報告和現場展示，更要能讓領導者相信其技術對公司大有幫助，使決策層相信即將開發的產品

能在市場上取得領先地位，然而，這都需要我們具備處理人際關係、自我行銷及影響他人的能力。

有些人始終不明白處理人際關係的重要性，他們認為只要默默低頭耕耘，無須討得他人歡心，總有一天定能出人頭地。事實上，忽略團體的重要性，必將使其敗退而歸。所以，在你的能力範圍內，盡可能地主動幫助他人，也就是我們常說的「利他」，這是累積人脈資產，並完成目標的雙贏做法，因為你幫助過的人越多，日後能回饋的人就越多。

別以為只有負責某些特定職務的人才需要人脈，事實上，不管你處於什麼位置，人際關係的重要性往往高於專業能力，因為現代工作事務環環相扣，沒有一個人能夠單打獨鬥，他人的協助永遠不可或缺。

## 好人緣讓你事半功倍

擁有良好的人際關係，絕對不是一件容易的事情。一方面要使他人接納自己又不會心生忌妒，另一方面又要獲得賞識而不被旁人猜忌，確實需要處事圓融、面面俱到的社交互動能力。

好人緣是善於解決問題者的致勝因素之一，因為人緣好，事情就越好處理，即使專業再強，若沒有圓融的交際手腕，也只能發揮「事倍功半」的效果。

在實踐目標的過程中，人際關係的好壞是決定性的參考指標，因為它代表著你和其他人的合作程度，以及處理事務時的協調能力。善於解決問題者的人際關係總是八面玲瓏，讓他人心甘情願地主動幫忙，究竟其中的祕訣何在？

當然，無論多麼善於處理人際關係，自己有多大的容忍度，也不可能盡如人意，讓所有人都信服，所以與他人相處，宜力求和諧團結，不

必勉強配合每個人，正所謂「道不同，不相為謀」，即使不能與一部分人相處融洽，也要避免與人結怨，畢竟「多一個朋友就多一條路，多一個敵人就多一個絆腳石」。

以下簡單介紹增進人際關係的快速方法，幫助讀者朋友們在人際關係中能游刃有餘。

## ◉ 發出同樣頻率才能共振

「同頻共振」是聲學中的一項規律，意即當聲波在另一處遇到相同頻率的聲波時，便能產生出更巨大的聲波能量，反之則不然。

延伸到人際相處上，也具有相同道理，同樣頻率的東西會共振，產生共鳴或「物以類聚」，這往往指思想、意識、言論、精神狀態等方面的共鳴或協同，想經營絕佳的人際關係，必須要創造與他人的共鳴點。

例如：當他人平步青雲、春風得意時，我們應該大方地為他感到高興，發自內心地祝福他；當他人遭遇挫敗時，應有感同身受的同理心，給予安慰、支持與鼓勵，甚至觀察他人的言行舉止，發表正面的思想言論等，都能贏得更良好的人際關係。

## ◉ 懂得原諒，願意釋懷

人際交往上，難免會產生些許摩擦。然而，唯有寬宏的肚量，才能獲得左右逢源的人際關係。對於他人的錯誤，不應耿耿於懷，要懂得原諒、懂得選擇；對於他人的偏見，應盡量理性審視心中的主觀意識。

在《三國演義》中，由於作者羅貫中以蜀漢為正統，孔明為主角，周瑜被描述成才華洋溢卻心胸狹窄的人物。然而，根據史書研究，周瑜

其實度量很大，人緣極佳。東吳將軍程普本與周瑜有嫌隙，但周瑜以其有容乃大的心胸，包容程普。長期下來，程普感受到周瑜為人真誠，並將與其交往譽為「飲醇自醉」，化解了兩人多年來的恩怨。

## ◎ 危機時，你能獲得別人的幫助嗎？

舉例來說，在職場上有一個重點是，務必盡快與同事們熟捻起來，這將會大大減輕你對陌生工作的無所適從感，你可以從打掃值日生、影印資料、填寫表格等等，使人對你留下熱心勤快的印象，這也更容易讓你融入同事圈當中，獲得大家的幫助跟提攜。

但有一點必須要注意的是，你也不能夠一有大小事，無論與你有關無關，都像搶功勞似地搶第一去做。因為，並不是每個人都喜歡這樣子「熱心公務」的人，也並非每一件事都需要你這樣做。

此外，你也不能夠遇到大人物時是一種樣子，遇到一般同事時卻是另一種樣子，這樣勢利眼的人是會讓他人瞧不起且厭惡的。

## ◎ 你害怕表現自己嗎？

當主管上司在場的時候，你是否會盡可能地讓自己隱形，說起話來也小聲地連隔壁的人都聽不見。這樣的你，「必須」改善這種糟糕的職場表現。

練習讓自己自信一點吧！開會時，不妨坐到讓主管一眼就能注意到的座位，如果有讓與會者發言的機會，不妨就勇敢地將平常藏在心裡的幾個合理建議或心得，適時地表達出來，你的表現可能會讓原本沒有注意到你的主管刮目相看。

但是要注意，千萬別顯露出急不可耐的樣子，更不要過度發言，暗

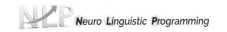

賓奪主。否則，這樣的表現只會讓人留下很急躁的印象。

### ✅ 積極連結人脈線，主動付出是重點

　　人脈經營，最大的原則就是「主動」，大多數人遇到事情容易推託，但要讓別人記住你的第一個要點，就是學習熱心並主動助人。放長線釣大魚的道理人人都懂，但多數人無法貫徹始終，因為一般人缺乏對長期效益的遠見，往往半途而廢。事實上，只要投資心力在周遭人身上，一旦建立信任感，即使是不經意的噓寒問暖，總有一天，也許能獲得無以計數的回饋。

　　在踏入社會多年，並研究了那麼多成功案例後，我深深體會到人脈的多寡、厚薄，對一個人的發展有多大的影響。因此，當對未來感到無助時，如果周遭欠缺可以提攜你的貴人，或是在重要時刻能幫助自己的朋友不多時，便要及早深思，是否是自己平日對於人脈的經營與投入不夠積極，並致力改善。

這樣做最關鍵

　　人脈與金脈有一個不同的關鍵點，那就是金脈無須互動與照顧，只要不領出來花用，永遠都不會消失；然而人脈卻需要頻繁地互動，否則就會逐漸流失。且金錢的價值可以確切估量，但人脈的價值卻多了更多的不確定性，即使今天結識了一位影響力過人的跨國企業老闆，他願意為你提供的機會，卻不如你期望的有價值。正因為人脈擁有這種複雜的特性，我們必須一面開發，一面維持，才能真正豐富人脈存摺，讓成功一蹴可幾。

 **5-2 累積實力，貴人為你加持**

## 掌握互助原則，先當自己的貴人

李嘉誠說：「人要去求生意比較難，生意跑來找你，你就容易做，那如何才能讓生意來找你？那就要靠朋友。如何結交朋友？那就要善待他人，充分考慮到對方的利益。」

有句俗諺也這樣說：「人生有三次機會，一是出生名門，二是嫁娶豪門，三是結識貴人。」我們出生在哪戶人家，這是天命，無法改變，而嫁娶豪門的緣分不是你多認真、多努力就可以成功的。但是，結識貴人卻是現在的你可以自己掌握的。

然而，首要之道，則是要先懂得當自己的貴人，先培養自己的實力，因為說穿了，人脈其實就是一種互助合作關係，在彼此有需要的時候，提供對方必要的協助，彼此要能「互相利用」才是重點。

## 「亦師亦友，成長最快」

以《少年維特的煩惱》、《浮士德》等書聞名的德國作家歌德（Goethe），曾在斯特拉斯堡大學進修了一年，在這裡，他遇見了改變他一生的人——極具影響力的思想家赫爾德（Herder）。

當時，歌德的作品總是受到旁人的讚賞，然而赫爾德卻不錦上添

花，反而時以斥責、為難、痛罵、嘲笑來考驗他，因赫爾德早已看清舒適的環境無法培養真正的實力，因此，每當歌德沉醉於虛浮的恭維時，赫爾德總會給予尖銳而客觀的批評。

遭受如此嚴厲對待的歌德，非常難得地繼續追隨赫爾德，因他表示是赫德爾讓他認識到什麼是真正的文學，並打開了他對世界各民族詩和歌謠的見識。歌德認為，他的成就應歸功於自己的老師，並將這段嚴格鍛鍊的時期稱作「充滿希望的日子」。

## 🔑 培養自己的實力

與其想著，等著貴人從天而降來幫你，不如先累積自己的能力、充實自己的內涵、學習你需具備的專業技能，創造出只有你的優勢，知道你自己可以在哪些領域上幫助別人，才能連結自己的能力與他人的需求，開發出更多有效人脈。

試想一下，如果有個與你相熟的貴人想拉你一把，請你幫他做事，但若你腹中無墨，就只能是一個扶不起的阿斗，眼睜睜地錯過機會。

因此，培養人脈的前提是，我們務必先累積自身的實力與各種經驗，因為機會永遠是留給有準備的人，而人脈，是你在這個時代能掌握的翻身機會。

How to do ~ 怎麼做？

### ✅ 從哪裡開始拓展人脈？

先確認你周遭的人脈資源有哪些？無論你是大咖小咖，我們的人脈關係通常可分為三種類型：

- ★ **私人生活圈**：此領域包括家人、朋友，還有那些和你最為親近的人（例如男、女朋友）。

- ★ **社會生活圈**：此領域包括你常聯絡與較為熟悉的人，例如公司的同事、主管、鄰居、熟悉的咖啡店店員、朋友的朋友、你的家庭醫生，或者是保險業務員等等。

- ★ **特殊領域生活圈**：例如像是社區慢跑協會、露營社團、大學或高中的校友會等組織。

思考你現在擁有的所有人脈資源，包括上述提到的三種類型，再找出至今為止他人給你的名片，將所有你能想到的人都條列出來並量化。

當你列出來之後，就可以很清楚地看出自己的人脈網是否有所不足，又有哪些領域需要加強補足。最後，再挑選出一些有可能成為你人脈資源的目標，將那些可能的人選做重點註記。

例如，你希望認識某位名人，那麼，不要認為對方一定很難接近，當然也許有一些難度，但其實許多名人遠比你想像的還要更容易接近。

舉例來說，多數名人都有自己的醫生、下屬等等，也會有他們經常去的地方，例如某個咖啡廳、某座高爾夫球場等，你可以先想方設法地認識這些與名人有接觸的人，才能先跨出有效的第一步。

當然，累積人脈的正確心態是，我們一定要保持積極主動的態度，畢竟，所謂的「人脈術」，簡單來說就是一種「交朋友的方法」，而多一些朋友的好處就是，當你束手無策的時候，能得到他人心甘情願的幫助，如果你的顧慮很多，不願意主動出擊，也不想敞開心扉與人來往，那有誰願意與這樣的人交朋友呢？

## ◉ 具有獨特的個人特質

古典社會學三大家集大成者馬克思‧韋伯（Max Weber）提出領導的三種模型，分別是傳統型、法制型與魅力型。魅力型領導來自於領導者個人的超凡魅力（Charisma），包括個人的強烈信念，足以感染並帶動群眾的情緒。

通常善於解決問題的人也是如此，他們具有某種獨特的個人特質，有取悅他人的親和力，也有感動他人的領導力，更懂得以幽默作為人際間的潤滑劑，藉由視覺、聽覺或其他感覺來感染眾人。

## ◉ 越有才華，越能產生「自己人效應」

此外，當多數人的條件都相差無幾時，一個人若是越有才華，就越容易得到他人的青睞。當一個人才華洋溢、能力又出眾時，自然而然就會產生一種人際效益的吸引力，使他人對你感到欽佩並欣賞你的才能，願意主動邀約你進入「自己人」的世界。

因此，若你想強化「自己人效益」的話，就不能不重視你自身能力程度的提升。

## ◉ 以當紅的通訊科技保持聯繫

若你想要有效地管理這些友誼關係，就可以多利用網路資訊科技，例如FaceBook有著通訊錄管理的功能，甚至可以讓你很快地認識新朋友。在這些資訊頁面上，你可以登載安全範圍內的個人資料，加上你的興趣、喜愛的事物、性格特徵以及有助於他人認識你的自我介紹資料。

## ✅ 別捨近求遠，身邊人最容易

無論是生活上還是職場上，那些在你身邊的人往往是對你最了解的，因此，若能與他們發展出良好關係，是最容易發揮實際效用的，因為他們通常會是最願意助你一臂之力的人。

培養人脈是一種長期的「儲值工作」，我們應該要有長遠的社交謀略，不要眼界短淺，只想立即見效，這是一種極度自私的普遍觀念，因為所有的感情都無法「快速培養」。

讀者朋友們務必要記住這一點，若急於開發可利用的人脈資源，只會讓人看透你背後的不良企圖，進而選擇遠離你。

若需要解除對方的疑心，並不需要什麼長篇大論。相反地，若能巧妙地運用感情上的交流反而會更有效。因為人們相信你的前提是他們「願意」相信你，為了讓溝通變得更有效，我們需要做的是——建立一個開放式的接受訊息的平台。如果訊息無法被對方所接受，那麼做什麼都是白費力氣。

與其挑戰那些根深蒂固的觀點，不如尋找一些能在不勉強人們放棄自己信念的前提下，讓他們接納的方法。換句話說，只要我們能找到一個，他們的世界觀與我們的想法能和諧共處的「安全區」，就可以有效消除對方對你的疑慮。

# 5-3 放下擔憂，主動認識新朋友

## 📍 主動認識新朋友

人脈關係決定你事業的成敗，如果你正在開創自己的事業，你一定會有一種感慨：「如果我有足夠多的人脈，就一定能讓自己的事業更加順利地獲得成功。」或者是「如果和那位關鍵人物能夠牽扯上關係，事業做起來可以更方便。」因為，只要我們和那些關鍵人物有所聯繫，當有事情想要拜託他，或是與他商量討論時，總是能得到很好的回應。

黎巴嫩詩人紀伯倫（Gibram Khalil Gibram）說：「和你一同笑過的人，你可能把他忘掉。但是和你一起哭過的人，你卻永遠不會忘。」

認識貴人最直接的方法就是主動去認識新朋友，主動和對方談話，不要覺得不好意思，或是害怕對方不搭理你而不敢嘗試。如果你真的是天生較為內向害羞的人，可以試著這麼做：

## 📍「文靜派的交友法」

### ◎ 找到會讓你覺得彆扭的原因

如果不知道該怎麼和不認識的人談話，可以先找你的親朋好友練習，多聊幾次之後就會發現，你可以自然地露出笑容說出一些開場白，因為學會放輕鬆談天的有效方法，就是從自己最熟悉、最沒有負擔的人

開始。但也不要過度依賴好友，等到練習足夠了，真正上場時，你會發現你自己也能夠自在地和不認識的人搭話了。

## ✅ 上場前先準備好可以聊天的素材

你會覺得尷尬、不知所措，通常是不知道該和初次見面的人聊什麼，但如果你能先準備好聊天的素材，例如最近有哪些很夯的新聞，或者是你已經事先了解了對方的背景時，就不會再因為不知道該說什麼而覺得困窘了。

## ✅ 秉持的態度是交朋友，而不是拉關係

如果你覺得主動與不認識的人搭訕很丟臉，或是擔心對方覺得你有什麼企圖，或是害怕遭到對方拒絕，這種時候千萬不要忘了，建立人脈的理由是為了「認識朋友」，獲得一些對自己有益的資訊，並不是要對方立刻就能夠帶給你什麼好處。會有這樣的擔憂，表示心態不夠健康、正面，因為不是每一個人都會排斥認識新朋友，你也無須過度擔心。

美國思想家愛默生（Emerson）說過一句話：「訓練的力量何其偉大！」明白表示，要邁向成功的人生，其根基就是訓練，而且是嚴格的訓練。每個人從小到大，一定遇過許多嚴師，然而事實證明，僅因為嚴格要求而步上成功之途的人寥寥無幾。嚴格的背後，究竟存在著刁難、名利、自我成就感，還是真心為了對方的成長，其層次迥然不同。

偉大的人能夠培育出同樣偉大的人，真正為你帶來成功的人生之師，其嚴格的根基是慈愛。所謂菩薩心腸、金剛手段，接受如此嚴格但立意良善的訓練的人，才能邁向成功之途。

「一個人思考」的時代已經過去了，建立品質優良的人際關係網能

**173**

為你提供情報，成為你解決問題、決定工作成敗的關鍵。無論你想推銷產品、應徵工作，還是與對手談判，你越擅長與別人打交道，就越有可能成功，因為這是一個十足「搏感情」的時代。

## How to do ~ 怎麼做？

### ◎ 別只和自己族群的朋友說話

參加聚會的目的，就是幫助你認識新朋友，但人們很自然地傾向與已經認識的人說話，即使他的本意是要認識新朋友。因此，想要有效率地建立人脈，最大的前提是「不要只跟你同一群的朋友說話！」

因此在自己熟悉的社交圈當中，聊天的時間絕對不要超過半小時。如果一直停留在同一個地方，就只能認識同一圈的人，你可以藉口拿東西、上洗手間，結束與這個團體的對話，讓自己走向其他群的朋友，認識不同的人。

### ◎ 你的朋友圈可以看到你的未來

「物以類聚，人以群分」，你有什麼樣的朋友，看得出你會有什麼樣的未來。如果你終日與消沉、懶惰的人廝混，那麼你也不可能積極向上；如果你經常與好大喜功的人作伴，那麼你做事也不會踏實誠懇。

選朋友當然很重要，因為有研究指出：你未來的收入將會是你周遭五個好朋友的平均值，這也是物以類聚的道理。思考一下你想和誰平均收入呢？是打工族、公務員，還是大老闆呢？想一下就能知道你現在該怎麼做了。

想要成為什麼樣的人，想要擁有什麼樣的未來，這一切都取決於你

現在接觸什麼樣的朋友。在這個當下，那些朋友都將成為你未來路途上的阻力或助力，不可不慎。

## 觀察識人，創造優良循環

人際交往中的「察人」，指的是從細小處，掌握目標對象的心態或性格。因為很多時候，在我們人生道路上的貴人，不一定是那些位高權重的人，但是所謂的貴人，仍必須具備著一定的內在潛質，我們要善於發現與觀察。可以從與對方的相處的過程來探查其性格是否良善，以及是否具有專業或權勢？從言談舉止中觀察其生活品味的高低雅俗等等。

例如，學生可以爭取以志願者的身份，參加各種學校活動、成功人士講座、校外展覽等等。畢業後就有較大的機會，藉由活動時認識的人脈進入一流的公司。透過一流公司的「凝聚力」，認識更多傑出人士，以此創造出優良的人脈循環。

## 如何克服初次見面的恐懼？

第一次與不認識的人接觸時，多數人都會覺得尷尬、不舒服。那麼究竟該如何克服這種狀況呢？首先，你必須要有「尷尬很正常」的健康心態。因為並不是只有你會這樣，而是多數人都會感受到不自在。你可以這麼做：

### ★ 找到你可以模仿的社交高手

雖然在舒適圈裡，和熟悉的朋友在一起。既有安全感又快樂，但如果你始終不願跨出那一步，那麼你就不會有任何成長。

如果你真的不敢主動去找新朋友交談，也不曉得該怎麼做，那麼就找一個你覺得可以模仿的好朋友，跟著他去各種社交場合，觀察他是如

何與人互動聊天的。久而久之，你就可以學到一些社交技巧，至少也會知道自己在聚會場合可以做些什麼。

### ★ 務必多說話、多練習、多參與

剛開始，你會覺得尷尬困窘，但是和陌生的人說話時，試著想像他是你熟悉的朋友，你就可以不那麼緊張，這裡沒有過多的訣竅，「多練習」是成功關鍵。

而當有人能分享或理解你說話的主題時，會讓你有找到知音的感覺，就像是認識了一個志同道合的好友一樣，所以你應該多去參與一些與你的興趣有關的團體，這是你學習拓展人脈的最佳場合。

一旦加入，就要全心投入，有機會的話，你可以自願成為社團的小幹部，甚至是領導人，它可以讓你認識的人，一個接一個地越拉越多。

### ★ 這個月，想認識幾個新朋友呢？

每個月，甚至每個禮拜，為自己設定一個「我要認識 N 個新朋友」的小目標。無論是公車上的乘客、餐廳裡的服務生、公司隔壁部門的同事等等，都有你可以主動向人攀談的機會。

當你反覆練習、有了經驗之後，你會發現與陌生人聊天不再是那麼不自在的時光了。即便是被對方冷漠以對，你也能將它視為家常便飯，或許還能認為這是緣分使然，不強求，也不再那麼容易「受到傷害」了。

### ◎ 希望別人怎麼待你，就怎麼待人

所謂「將心比心」的同理心思維，是自古以來奉為圭臬的行為準則，當年子貢問孔子：「有一言而可以終身行之者乎？」孔子回答：「其恕乎！己所不欲，勿施於人。」即使躬身不一定會得到對方禮貌的回應，但是你躬身時的謙卑，定能贏得更多人的喝采。

### ✅ 強化你的善良特質

根據心理學家研究發現，人們的內在隱藏性格是產生「持久魅力」的關鍵，因為有些性格特質，會阻礙人與人之間自然的相互吸引作用，不利於我們融入對方的「自己人」群體當中。

國外曾有學者列舉出五百個描繪人的性格特色的詞彙，然後讓實驗者選擇出他們最喜歡的性格特質，並說明喜歡的程度。結果發現了人們給出評價最高的是——「真誠」，因為沒有人喜歡被欺騙；而評價最低的當然就是「虛偽」。

除了最基本的「真誠」之外，若你想創造和諧的社交關係，並且持續維護它，那麼以下的九種性格特質是非常重要的：

★ **開朗**：性格陽光，愛好活動。

★ **責任**：有責任感，必定善始善終。

★ **客觀**：對自己能有正確不偏頗的評價。

★ **成熟**：思想成熟，能為他人帶來幫助。

★ **顧全大局**：顧慮整體利益，不自私自利。

★ **創新**：思考活躍，具個人觀點，能不斷創新。

★ **熱情直爽**：能與他人開誠布公地交談、溝通。

★ **度量**：能客觀地展開討論，不是一昧地堅持己見。

★ **合作**：善於合作，能謙讓與體諒他人不順遂的時候。

若與對方建立起緊密的關係，想說服對方照你的意思行動，又或者給予你某些幫助，你就要能運用「自己人」效應，讓對方心悅誠服地接受你的各種提議或說法，從而順利達成你的目標。

**這樣做最關鍵**

　　無論是金錢、工作機會，還是各種你願意付出的事物，我們說那些懂得分享的人，最終往往可以回收更多。因為，朋友們喜歡和他在一起、相信他這個人，也因此，他的機會也會越多。紅頂商人胡雪巖就是這樣的。胡雪巖倒楣時，不會找朋友的麻煩；但他得意了，一定會照應朋友。這些聽來雖然是老生常談，但若能抱持著這個信念，願意盡量地去幫助別人，若你哪天失意了，相信也會有人願意同樣地對待你、幫助你、回報你，這就是「互利」的人際關係法則。

**NLP便利貼**

## 回應話術
### ～使對方潛意識得到重要的啟示

　　適當和巧妙地運用隱喻，會使對方潛意識得到重要的啟示。

**❶ 複述：重複對方剛說過的話裡的重點，加上開場白，例如：**

　　「我聽到你說……。」

　　「你剛才說……。」

　　「看看我是否聽錯了，你說……。」

　　「複述」表面看起來很簡單，很一般，事實上是很有效的技巧，它可以：

　　★ 令對方覺得你在乎他說的話。

★ 使對方覺得你很準確地明白他的意思。

★ 加強對方說話的肯定性，待之後重提時，對方容易記起。

可含蓄地修正對方話中的困境（例如對方說「我不會游泳」，你複述說：「你是說至今還不會游泳？」「至今」二個字使對方的潛意識打開「未來大有可為」的可能性。

談話間給自己一點時間去做出更好的構思或者回答。

❷ 感性回應：把自己的感受提出來，與對方分享，若對方接受，他也會回應你他的感受。能夠分享感受，是一個人接受另一個人的表現。

此技巧是把對方說的話，加上自己的感受再說出。例如對方說：「吃早餐對身體很重要。」你回應說：「是啊，我也覺得要吃飽才有力氣。有精神了，做事才起勁嘛！你說對嗎？」

❸ 舉例：就是把想對他說的話，說成另一個人的故事，可以用下列的例子表達出來，假借另一個人的故事，將內心的話說出來，會使對方完全感受不到威脅或壓力，對方也會因此更容易接受。

「有個朋友⋯⋯。」

「聽說有一個人⋯⋯。」

「去年我在日本遇到⋯⋯。」

❹ 隱喻：借用完全不同的背景和角色，去含蓄地暗示一些你想表達的意思，例如：

「我太軟弱了，所以覺得事事不如意。」

「你讓我想到流水。什麼東西都能阻斷流水，但流水無孔不入能到達任何它想到達的地方。」

催眠治療大師米爾頓・艾瑞克森（Milton Hyland Erickson）運用隱喻的技巧出神入化，他經常以說故事的方式，達到其他心理醫師達不到的治療效果。適當和巧妙地運用隱喻，能使對方的潛意識得到重要暗示。

適當和巧妙地運用隱喻，能將複雜的情感、挑戰和轉變化為更易接受的形式，為患者提供新的視角。隱喻不僅是一種暗示的方式，更是一種心理橋樑，幫助患者連結過去的經驗、當下的感受與未來的可能性。在這樣的過程中，他們能更輕鬆地進入治療狀態，找到解決問題的方法，甚至是觸發潛在的療癒能力。

 **5-4** 你的溝通力是否足夠讓人理解

##  學會溝通，掌握對方的接收狀態

　　生活在群體社會中，每個人每天都需要和不同人接觸往來。無論是打招呼、發送電子郵件、跑業務、開會等活動，誰的「溝通力」越好，誰的發展性就越大，競爭力、執行力也會越強。

　　溝通是完成目標、滿足需求、實現抱負的重要工具之一。這個世界上沒有不能溝通的人，只有不知如何與他人溝通的人。因為溝通的真正關鍵「不是我們說了什麼，而是對方聽到了什麼」。有時從起點成功抵達終點的最短距離，不一定是直線，它可能是曲線。因此，當直線的道路上有阻礙時，「迂迴而行」反而可能成為最快的方法。

## 你需要認知的溝通類型

　　一般來說，溝通依對象可分為三大類型：

★ **自我溝通**：將訊息傳送給自己，以提醒、鼓勵或自我反省。

★ **人際溝通**：將訊息傳送給別人。

★ **組織溝通**：不同組織間的訊息傳送。

　　溝通最基本的方式是言語溝通和非言語溝通。言語溝通是以語言為媒介進行的溝通，它是人們最主要、最常見、最熟悉的溝通方式；非言

語溝通，即不用語言為媒介進行溝通，透過肢體動作溝通，來達到具有影響力的效果。

莎士比亞（Willam Shakespeare）曾說：「肢體是最好的溝通。」美國心理學家曾進行了一系列實驗，並提出一個著名的溝通公式，那就是溝通效果=7%的語言+38%的聲音+55%的表情。

由這公式可以看出，人與人之間的溝通，口才部分只佔了7%，其餘93%都是非語言溝通的形式，包括聲調的抑揚頓挫、臉部表情，以及肢體動作等，都能吸引聽者的注意，產生良好的溝通成效。

只要能運用簡單的秘訣和技巧，抓住溝通的對象、主題、時間、環境及方法，就能使你在工作和生活中遊刃有餘，自信滿滿。

綜合過去研究有效溝通的成果，再參考古今中外名人的演說，下列提出強化溝通力的關鍵技巧，記住，利用生活周遭各種機會去實際演練，能讓你的溝通技巧更加上手。

How to do ~ 怎麼做？

## ✅ 強化溝通力的關鍵技巧

★ 說話時，搭配表情與肢體動作，會更吸引他人的興趣。

★ 表達時須清楚、具體、重要地加以強調，非重要的可以忽略，避免嘮叨、抱怨或吹毛求疵。

★ 想要打動他人，讓對方對你留下好的印象，最簡單的方法就是引導對方談論他自己的事情，或是他擅長的領域，並且認真傾聽。

★ 即使與他人意見相左，也不該想強加辯駁，咄咄逼人。因為每一件事都有很多面向，每個人的觀點或見解也會不同，任何意見都應該

受到尊重。

★ 坦承說出自己的感受，只要是有意義的問題，就不吝提出，但需注意言詞要合理，並且切中現實。

★ 避免使用低劣的溝通方式，譬如惡言傷人、話中帶刺、信口雌黃、口無遮攔等。最好常以發問的方式溝通，避免說教或訓話。

★ 說錯話、做錯事時，不要找藉口，必須誠實道歉。「承認錯誤」是溝通最好的軟化劑，也可使困境有轉圜的餘地。

★ 該幽默時幽默，該嚴肅時嚴肅。

★ 與人溝通時，須掌握用心傾聽的原則。暫時放下自我的想法、成見及期待，聚精會神地理解對方所要表達的內容、真實內心話時，如果發現對方心不在焉，或表現出厭煩的神色時，就應適可而止或轉換話題，讓溝通能在最良好的氛圍中繼續進行或暫停。

★ 給予你聆聽或聆聽你發言的對象衷心的尊重，適度把話題帶到對方身上，或是複述對方提及的內容，讓他了解你確實有關注他所重視的事情，並全神貫注地傾聽。

## ◎ 務必確認對方的談話重點

當我們在談話時，如果對方正確地理解你話中的意思，那麼就證明了他聽了你說的話之後，已經從中找到了重點。當然，能準確地掌握住對方說話的重點，也不是件簡單的事，因為並不是所有的人，都能像新聞主播那麼清晰而有序地表達自己的觀點，尤其在緊張或者心有不滿的時候，「迂迴重複」或「顛三倒四」都是人們常見的說話狀態。

當然，有些說話方式是天生的，在此則要注意具有目的性的迂迴說話方式，若你沒有及時釐清對方的真正想法，就有可能落入對方的圈

套。因此，找到對方的談話重點，並加以確認，這就是與他人進行談話的最大重點。

### ✅ 用心傾聽，給予回饋

有許多人在聆聽他人談話時，會有這樣的習慣，即是在對方還沒有表達清楚之前，便自以為是地說：「是，我知道了」、「好，我明白了」。這樣的話語會阻止對方進一步地解釋自己想表達的事情，並且還會傳達給對方「你別再說了，浪費我時間」的感覺。

想在與人交談時擄獲對方的心，就要交出自己的一雙耳朵與一顆真誠的心。當你與他人交談時，你的反應會直接表現在臉上。此時談話對象會根據你的反應，決定自己是否要繼續說下去，以及該說到什麼程度。

因此，最好的回應方式是，你不僅要用話語應和對方，還要善用你豐富的肢體語言和生動表情。例如，帶有讚許之意的微笑、點頭表示理解，都是鼓勵對方繼續說下去的有效回饋，也能讓對方對你的耐心傾聽產生好感。

### ✅ 適當表達意見，無畏面對批評

我們稱兩個或者幾個人之間所說的話為「說話」，而有應和、有交流的談話才能稱為對話。

因此，談話應該有來有往，在不打斷對方的原則下，我們需要適時地表明自己的觀點，這才是正確的談話方式。因為這樣能給對方一種暗示：你始終都在認真地聽。

如果對方發表長篇大論之後，得到的卻是你的無動於衷，那麼恐怕

任何的人都會失去繼續說下去的心情。此外，適時表達意見還有一個好處，那就是能有效避免你隨著時間失去注意力。

我們當然也會在溝通時，聽到一些真正關心自己的人，所提出的善意批評，但是無論如何，喜歡被批評的人都不多，能正確面對批評的人更是鳳毛麟角。特別是自卑的人，對於批評會有一種本能的牴觸。長此以往，就會對批評產生恐懼，而這種恐懼會吞噬原本就不足的自信心，造成惡性循環。

既然在這個社會受到批評的機會總是大於讚美，那麼我們就要學習正確地面對批評。你可以試著這樣思考：

★ 心平氣和地聆聽他人對你的批評，不要總是中途打斷，試圖解釋，也不要用肢體語言和臉上的表情告訴對方，你不樂意聽到這些批評的話。

★ 當對方指出你的不足時，想辦法改善這種狀況。

★ 可以請教批評你的人該怎麼做才能改善，如此不但能更了解對方，還能學習不同的處理與應變方式。

★ 如果你覺得對方的批評是沒有根據或是毫無道理的，也應該在聽完對方的話之後，再為自己辯解。

★ 如果對方批評得有道理，就應該向對方表示歉意，並表達自己願意改正。

## ◉ 不要試圖去改變對方對於「真相」的看法

如果你想要他人同意你，你就不能試圖去改變他們對於真相的看法，我們必須學會接受公眾的世界觀，並找到一致的訊息去和他們溝通。

舉例來說，你可以花上一整天去爭辯，數百萬美元的補償方案，對於保留優秀人才是必要的。但是，如果對方本來就認為在股東和員工面臨著巨大的經濟損失時，不應該支付更高的薪水給高階管理人員，那麼你就輸了，所有的爭辯都是沒有效的。

## 這樣做最關鍵

人際溝通大師戴爾‧卡內基（Dale Carnegie）說：「你要是能真心地對別人感興趣，那麼兩個月之內，你的朋友就能遠多於，一個只要別人對他感興趣的人，兩年內所結交到的朋友。」善於交際的人，在與人的來往中，總能發現並拓展對方感興趣的話題，並且能不斷地找出對方的優點。

如果你能適當地表現出你對對方很感興趣，那麼他當然也比較容易對你卸下心理防備，將你當成「自己人」，與你分享各種他所知道的資訊。

## NLP 便利貼 「先跟後帶」話術 ～帶領對方去你想讓他去的方向

「先跟後帶」，是指先附和對方的觀點，然後才帶領他去你想讓他去的方向。附和對方說話的技巧可以有三種方式：

★ **取同**：把焦點放在對方說話中，他與你觀點一致的部分。

★ **取異**：把焦點放在對方說話中，他與你想法不一致的部分。

★ **全部**：先接受對方全部的話，再說出你的看法或感受。

**例一**

Q：保險是家庭保障最好的方法，我替全家都買了。

A：保險浪費錢啊。

▶ **回應一（取同）**：看來你同意應該為家庭設立保障的，你現在用什麼方法？

▶ **回應二（取異）**：浪費金錢是不對的，尤其是在不景氣的社會環境中。也許你需要的是那種不浪費錢、物超所值的家庭保障計畫！

▶ **回應三（全部）**：我的很多好朋友也這麼說，直到他們聽了我的說明與介紹。才知道，原來保險可以花這麼少的錢，買到這麼大的保障，因為沒有後顧之憂，日子可以過得更開心呢。他們現在都買了，而且還介紹了更多朋友！

**例二**

Q：我認為吃早餐對健康很重要，所以我每天早上都吃兩顆蛋。

A：蛋的膽固醇含量太高，我的早餐絕不會有蛋。

▶ **回應一（取同）**：喔！你也有吃早餐的習慣，你也覺得吃早餐對一天的開始很重要吧？

▶ **回應二（全部）**：不只是你這麼說，我以前也是這樣覺得，直到去年我看到一篇科學新知的文章，發現原來膽固醇中也有好壞之分，而且蛋裡含有的膽固醇好多過壞，蛋之中的一些營養更是其他食物中很少能提供的呢！你有興趣看一看這篇文章嗎？

## 5-5 哪些是別過度深交的人脈類型

### 逆境中，真朋友

法國作家巴爾扎克（Honoré de Balzac）曾說：「一個人倒霉，至少有那麼一點好處，可以認清楚誰是真正的朋友。」因為一個好朋友，常常是在逆境中得到的。

其實我們在生活中對於這種小人，常是防不勝防的。你也不要奢望你能改變他，讓他成為一個「君子」。畢竟「小人」就是「小人」，無論何時，他們第一個想到的是他們自己，他們行事自私詭詐，這就叫「本性難移」。對待這類人物只有一個辦法，那就是不予理睬、避退三舍。

一般來說，在結交到這樣的朋友時要注意，他之所以在剛開始有比較良好的表現，可能是因為你還沒有侵占到他的利益，例如升官、加薪等等。否則，他們難保不會因為利益上的衝突，而立刻拉下臉來，跟你拚個魚死網破。

### 「大學生的人脈拓展法」

大學生是當今社會中最活躍的群體之一，他們不僅在學業上勤奮努力，同時也非常注重與人交流互動。身為Z世代的大學生們，又被稱為「數位原住民」，幾乎人手一隻手機，在校園裡常常能看到低著頭滑動

手機、或是隨時隨地自拍分享動態的人。以往人際交流依賴實體活動見面、地緣關係遠近，但網路與社群媒體的普及，讓Z世代學生習慣使用各種不同的社交軟體來與他人互動和分享訊息，所謂的「網緣」變得更為重要，不只能快速建立當下的社交圈，還能夠影響未來的人脈廣度。

要在大學校園裡拓展人脈，甚至在開學之際搶先他人一步，成為自己科系裡的中心人物，網路社群媒體的活躍程度是一大關鍵。大學生通常會選擇透過Dcard上各種大學生的貼文，瞭解自己就讀的大學的各種資訊。或者透過Instagram、Threads的互相追蹤，認識同系、同校甚至不同系所校院的朋友，甚至進一步加入Facebook的社團或LINE群組，建立志同道合、跨領域的人脈。

## 「大學生」的社會人意識

「脈客」是近年來新興的一個流行詞，源於英文「Man keep」，譯為「人脈經營」。被大學生們意指為善於使用人脈、經營人脈的人。

大學「脈客」的出現，說明如今的大學生有了更強的「社會人」意識，而不是只管讀書，不關心天下。大一新生在入學前先了解學校環境，透過朋友熟悉大學生活，這都是「社會人」意識增強的表現。另一方面，也說明當今大學生更注重人際交往。

然而，大學生群體也是複雜和多元的，有各種不同的圈子。例如有勤奮學習、積極上進型的，也有得過且過、混日子型的，對於Instagram、Dcard、Threads上的各種言論，無論是校園還是職場新鮮人們，都需要加以甄別，慎重判斷，切莫偏聽偏信。

在人際關係的來往當中，我們一定要明白一點，並不是所有的人都

能與你成為朋友。在拓展人脈時，也別奢望所有人都會喜歡你、認同你。對於某些類型的人，我們尤其要避開，否則不僅得不到幫助，還會受一肚子氣。那麼，在人際關係中，哪些類型的人，我們最好別與之深交呢？

**How to do ~ 怎麼做？**

### 能言善道，華而不實

有些人平日待人和顏悅色，話說得很動聽，但卻不帶誠懇，這類型的人通常口齒伶俐，能言善道，經常給人知識淵博、閱歷豐富、善於表達的好印象，但也正因為他們懂得如何以言語討好他人，並藉此營造出個人的良好形象，因此一旦心術不正，就很容易流於虛浮誇大，不切實際，甚至做出表裡不一的事情。

例如：在人前對你讚賞有加，背後卻是大肆嘲弄批評，因此與這類型的人相處時，應多加留意他們是否有「華而不實」的弊病。

### 故作聰明，不懂裝懂

有些人遇到自己一知半解或毫無頭緒的事情時，第一個想到的並不是請教他人，而是不懂裝懂，故作聰明。這類型的人多半具有自卑心理，不僅十分在意外界的評價，也深怕自己被他人嘲笑，因此做任何事情都會先顧慮他人的眼光，導致他們愛面子又逞強。

但在工作上，這種故作聰明的弊病，有時會連累共事的工作夥伴，甚至讓公司蒙受巨大的損失。因此與他們共事時，一旦發現他們又犯了不懂裝懂的毛病時，就應清楚地告知其確實的工作流程，但溝通技巧上

要多加留意，以免他們惱羞成怒，徒增摩擦。

### ⊘ 缺乏主見，從不表態

今日的資訊流通快速，在面對各類訊息時，需要格外保持獨立思考，以便用理性務實的態度辨識，過濾訊息的真偽。但是有些人往往欠缺主見，習於附和他人，人云亦云，並善於借他人的創見引為己用。

通常這類型的人，若無真才實學，便容易成為模仿能力極佳的「鸚鵡」。因此與他們共事時，應留意是否有「剽竊他人的構想或理念，用以蒙騙不知情的人」的惡習。

### ⊘ 貶低他人，抬高自己

有些人動不動就喜歡與人比較，小從衣著服飾，大到工作成就，都會拿出來評比一番。這類型的人容易受到外界的影響，內心也常因「比較」而產生不滿與嫉妒。長久下來，他們便養成了貶低他人以抬高自己的習慣，有時也會因嫉妒他人而惹出口舌之禍，甚至惡意散播流言，希望藉此打擊他人。

因此，與這類型的人相處時，最好不要附和他們對旁人的議論，並且保持適當距離，避免無端惹禍上身。

### ⊘ 賣弄學識，誇誇其談

博學多聞的人經常給人見多識廣、饒富智慧的正面形象，不過在彷彿「無所不知」的形象背後，極有可能隱藏著駁雜不精的弊病，尤其是偏好賣弄自身學識的人，更容易有誇誇其談的傾向。

這類型的人因常獲得他人的讚賞，而更壯大自身的信心和賣弄能力，一旦獲得他人的信賴，又存有私心歪念，便有可能假藉博學之名，行招搖撞騙之實。因此與他們相處時，應審慎判斷他們的言論有幾分真實性，不宜完全採信。

## ◉ 故作笨拙，藉故請託

工作職場講求分工合作，同事之間也常常需要互相幫助，但是總有些人會在某些事情上故作笨拙，並主動地請求他人的協助，或者藉故請託他人幫忙完成份內的工作。剛開始時，不少人會基於同事情誼欣然相助，可是不久之後便會發現，對方只是將不想做的事情推給別人。

這類故作笨拙的人，往往看似溫和有禮，但實際上，他們相當精明狡猾，一有機會就想佔人便宜，不僅無法與人共患難，有福也是自己獨享，因此與這類型人共事時，應牢記彼此的職責劃分，並且要適時拒絕對方不合理的請託。

## ◉ 牆頭草，兩邊倒

這類型的人對有權有勢的人關懷備至，但一旦他們發現自己所依附的靠山調離此處，或者出問題而轟然倒塌時，他們便會落井下石，並迅速拋棄對方，另尋高枝。

常言道：「防人之心不可無」。然而，與其被動地提防身邊的小人，不如主動辨識誰是最有可能懷有惡意的小人，如此反而能積極地因應，以明哲保身。

## ✅ 需與之保持距離的類型

### ★ 不孝順父母的朋友

一個人如果連生他、養他的父母都不孝順，其對感情的態度可見一斑。這種朋友隨時可能因衝突到自己的利益而出賣你，不與之深交也罷。

### ★ 待人過分親密的朋友

有些朋友好奇心很旺盛，對別人的事情總想問個清楚，隱私也不放過，與這種朋友相處，你會較為疲憊，但更糟的狀況是，對方還是個八卦散播者。

### ★ 無事不登三寶殿的朋友

若是值得深交的好友，平時最要注意保持聯絡，讓對方知道你把他放在心上。有的人平時從不主動與朋友聯絡，一打電話就有求於人，等到真正需要救急時，他們恐怕很難找到雪中送炭的朋友。

### ★ 以貌取人的朋友

華人女性企業教練陳郁敏表示，對大人物恭謙有理不難，想要考驗一個人是否值得深交，就得看他如何對待平凡的小人物。

### ★ 不熟裝熟的朋友

交友最忌諱急躁冒進，明明不熟，卻想勾肩搭背，對方可能馬上提高警覺，甚至遭白眼。日商精工愛普生集團臺灣顧問邱天元建議，初次見面交往尺度像「蒙娜麗莎式微笑」最好。

總之，運籌人脈，我們一定要有防備之心，不要奢望所有人都能成為你的朋友，仔細篩選交往的對象與朋友才是上策。遇到一些背景不明的小人時，切記不要讓他們完全掌握你的底細，更不要被他們所利用，以防不小心落入他們的圈套，得不償失。

## 這樣做最關鍵

　　很多人誤以為EQ好，就是指面對任何事情都能隨和、不計較，然而脾氣好的人固然能給人一種易於接近的親切感，但是過於隨和，卻會使他人對你予取予求，甚至軟土深掘。這種時候，我們需要的是，先明確地訂下自己的界限在哪，因為在人與人的來往當中，若能有著明確的容忍界限，對彼此而言都是一件好事。你要讓他人明白什麼是可以要求你幫助的，以及什麼是不可以過度要求的。一旦對方越過了線，你就應該明確的告訴他；當你無意中踩到了別人的地雷，也應該及時道歉並修正你的行為。

# 5-6 三思，需謹慎運用的人脈類型

## 拓展人脈也需謹慎

許多未雨綢繆的聰明人，一旦了解了人脈的重要性，便會開始使出渾身解數，在生活中積極尋找黃金人脈，主動與陌生人結交朋友，認真管理起自己的人脈資料庫。

但在這樣的過程當中，我們可能會忽略的一點是：「對方是不是也同樣有與你來往的意願？」你該思考的是，你的做法是否妥當？在人際關係中，有時你滿腔熱血地與人來往，但換來的卻是對方的冷漠，「熱臉貼冷屁股」也就是如此了，你曾想過原因是什麼嗎？

## 「靠人脈賺錢與自我成長」

很多人在三十歲之前，靠的是自己的專業能力賺錢；三十歲之後，仰賴的是自己的人脈關係，特別是在華人圈裡，相當注重血緣關係與社交人際關係，這些都對我們未來的發展能否平順有極大的影響。

根據人力資源管理協會與「華爾街日報」，共同針對人力資源主管與求職者所進行的一項調查顯示：95%的人力資源主管或求職者，透過人脈關係找到適合的人才或工作，而且61%的人力資源主管及78%的求職者認為，這是最有效的方式。

人脈關係還有助於業務發展，對個人職業指導也有重大的幫助，更有助於專業技術上的交流與成長，也就是良好的人脈，能替你增加職業發展機會。

向前輩請教，向某一領域比你優秀的人請教，能幫助你順利成長。初進公司的新員工，最好自己在公司裡找一個和你投緣的前輩，一個性格與你相合的前輩，不僅會在工作上幫助你，而且在生活上也會給你一些指導。找個投緣的前輩，能讓你完成角色的轉變，讓你的技術更進一步提升，為你日後在職場的發展奠定長遠基礎。

## ⊙ 避免影響他人——慎用人脈

在現代社會裡，想認識新朋友不難，但想讓新朋友信任你這個人，卻是比登天還難，因為每個人都有防人之心。很多朋友曾經遇到這個問題：為什麼一個地位高的人，卻連你的一個小忙都不肯幫呢？這理由再簡單不過了，因為這會影響到他們自身的利益得失。

作為親戚、朋友，他想幫你，但又不得不考慮到現實因素。為此，作為求助者的你就應該知趣，盡量不要「運用」這種會使人為難的人際關係，即使你與對方的關係再親密不過。

記住，在運籌人脈的過程中，我們不能只考慮自身的好處，也不要過度單純地認為，只要彼此真誠來往，就一定能換來自己想要的結果。事實上，某些人際關係，我們更應該「慎用」。

一般來說，我們需要特別注意與慎用的人際關係，可以歸類為下列幾種類型：

## 兩方不具備同等互利能力

人們參與社交活動，多半都希望達到互利效果，獲得等同的價值，這是人際關係中的互惠原理使然。不難發現，如果對方送你一千元的禮品，那麼，他肯定希望你能為他帶來一千元甚至一千元以上價值的東西。如果你的回報只能是幾百元的話，那麼對方肯定不會再樂意這樣做，除非你與他有著特殊深厚的交情，對方毫不介意這樣的結果。

因此，對於這類人，你最好不要擅自去打擾。特別是求助者「不是你本人」的時候，你更不應該擅自去動用這層關係。同時，你可能會注意到，對方並沒有對你表現出反感，這也許是因為你們的交情使然，也許是因為對方性格善良的緣故。

然而，有些人即使你打擾了他，他在當下不會對你表現出明顯的負面情緒，但是在內心深處，他可能已經開始厭惡你了。當下次你想找他的時候，他多半就會找個藉口推託，甚至會明顯地躲著你。

## 個人成就或社會地位極高的族群

這類型的人，他們不是大官，就是社會地位高的知名人士，或是坐擁財富的富豪。總之，他們的社會資源與人脈資源非常豐富，但這一點同樣也給他們帶來了不少困擾，他們對於自己的身份、地位、財富都是敏感的，也因此他們在人際交往當中，必須時常提防許多人事的請託，就算是親人亦然。

旁人可能很羨慕他們的成就，但其實他們更常為人情所累。所謂的

名聲、地位，有時也是一種沉重負擔。所以，以你的立場也應該為他們著想，盡量不要越位去請託他們，即使你們的關係非常親密。

除非在必要的狀況下，或者是對方願意主動助你一臂之力，你可以順勢提出合理要求，否則，太超過的請求也只是令對方感到為難罷了。

## ◉ 獨善其身，不願欠人情債的人

在你我周遭，總有這種類型的人，他們看似很堅強、也很能幹，從來不會去麻煩別人，凡事親力親為，甚至有時候就算他們自己做不成，也不願意開口請求別人幫助。

表面上看來，他們是不想給別人添麻煩，但其實他們是不希望自己欠別人人情債，他們的內心想與別人保持著一定距離。所以，你也不要去打破這類人的原則，如果你認為對方的能力強，而總是求助於對方，這種行為大錯特錯，你很有可能在無意間已經招致對方的不滿，讓他覺得你只是想利用他而已。

## ◉ 不懂得拒絕的好人好事代表

有些人看起來很傻氣，但其實他們城府頗深，這些人在短期內是不缺人脈的，因為他們在一群新認識的朋友當中，他們多半八面玲瓏，能得到他人的認同與幫助，但是久遠看來，他們身邊可以信任的人卻會越來越少，因為「日久見人心」。

此外，還有一種「濫好人」，他們通常性格都非常良善，也很受到他人的歡迎，但是最大的罩門卻是「濫好人」。經常受人利用，每個人都會認為他們是標準的「好人好事代表」，但卻往往會忽略他們內心的聲音和需要，最後，「什麼忙都幫」變成了人脈帳戶上經常會虧空的一

種人，因為他們總是在付出，卻不懂得「求回報」。這證明了想經營人脈關係，除了具備良好的品德之外，還要有手腕。

舉例來說，你幫助了某個人完成了一件棘手的事情，原本你想讓他欠你人情債，但對方卻想用「請你吃一頓飯」擺平。然而既然他不想欠你，你就得想辦法製造反向的人情債。

你可以告訴他，在這件事的處理過程當中，你也學習到了不少，他讓你更深刻了解其中的「眉角」所在，你感謝他間接讓你上了一課，所以「反過來」願意請他吃飯。如此，你們就能再次牽起線，為未來的進一步接觸打好基礎。

總之，在運用人脈的過程中，我們一定要做到「有所分寸」的原則，多從對方的立場上來考慮，多思考一下彼此是否能達成平等的利益關係，如果不能，你就應該從其他人著手才是。

謹慎思考以上幾種關係，就能為你解除很多人際關係中的請託失敗危機。

「人緣也是靠自己，自己是個半調子，哪裡來的朋友？」這句話引用自高陽所著的《胡雪巖》一書。相當貼切的描寫出拓展人脈的關鍵，只要你能夠引起對方對你的興趣，就可以讓自己成為一個人脈大磁鐵。例如，你擁有投資方面的知識，或是擁有實力堅強的外語能力，那麼周遭的朋友有需求時，便會想求救於你，若你能對此點善加利用，自然就可以建立起一個廣大的人脈網。

　　因為人脈的最高境界就是「互利」，而非單方面的遊說。你可以為他人提供什麼價值？可以提供什麼不同的觀點？如果你只是一個應聲蟲，或者只著眼於自己的利益，嘴巴一開，對方就知道你想要什麼，這樣是無濟於事的，「你對人一分好，對方自然會泉湧以報。」這就是所謂的「得道多助」。

　　此外，互利關係最關鍵的是維持長期的可持續性。短期的互惠可能帶來即時的好處，但真正深厚的人脈往往經得起時間的考驗。這需要持續地用心經營，不僅在對方需要時提供幫助，也在平時關心他們的近況，甚至主動為對方創造價值。當這種互利成為一種習慣，彼此的信任與支持便能自然流轉，形成一種共榮共生的關係。

# 降低失敗機率的
# 執行完成力

## 6-1 訂對目標，降低失敗機率

### 「主動了解任務，並全力以赴」

Google前副總裁李開復說：「不要再被動地等待別人告訴你應該做什麼，而是應該主動地了解自己要做什麼，並且規劃它們，然後全力以赴去完成。」想想，在今天世界上最成功的那些人，有幾個是唯唯諾諾、等待差遣的人？對待工作，你需要以一個母親對孩子般的責任心與愛心，全心投入，若能如此，就沒有什麼目標不能達到。」

以企業經營而言，成功的第一要件，便是對目前可運用的資源瞭若指掌，包含資金、人脈、專業、技術、資訊、政府政策等等，都必須詳加考量，為自己量身訂做一套合身的企業目標。確立企業目標以後，再開始清楚設定產品走向、服務類型、目標客群，瞄準未來的發展方向。

然而，若想嘗試自行創業的話，除了鎖定行業類型，產品方向、目標客群等等，都是極需考量的重大要項。如果東嘗西試，不斷改變換跑道，那麼自身品牌不僅無法確立，利潤損失也將非常可觀。

### 「只能搶救一幅畫作」

貝爾奈（Bernard）是法國著名的生理學家，有一次，法國一家報紙進行了一次有獎徵答，其中有這樣的一道題目：如果法國最大、最知

名的博物館羅浮宮失火了，情況十分緊急，時間不足以搬出所有畫作，只允許你搶救一幅畫作，如果是你，你會選擇搶救哪一幅畫作？

結果在該報收到的成千上萬份答案當中，最多人說：「我會選擇『蒙娜麗莎的微笑』」，有的人說，「當然要救『岩間聖母』！」然而貝納爾最後以最佳解答獲得該題的獎金，因為貝納爾的回答是：「我會搶救離出口最近的那幅畫。」

## 找出「最有可能實現」的目標

旅遊頻道主持人Janet（謝怡芬）曾表示，她從十六歲開始就立志要玩遍世界，即使沒有豪華的五星級飯店可以住，也堅持要踏遍世界各個角落，而她的事業成就就是從這個目標「無論做什麼，都要去旅行」開始發跡的。這也是她能達成目標的關鍵之一——對目標永保追尋的熱忱。

對於一個善於解決問題的人來說，所謂「最佳目標」不是最有價值的目標，而是「最有可能實現」的目標。然而，這也必須仰賴你的判別能力，只有準確地、即時地確立優勢目標，才不會白白浪費寶貴的時間，以最快的速度到達目的地。

荀子曾說：「行衢道者不至，事兩君者不容。目不能兩視而明，耳不能兩聽而聰。」意思是沒有目標只想貪圖，只會形成自己與目標之間無形的阻隔，讓自己與目標之間漸行漸遠。確立目標，則能擁有一個，「堅持與奮進的方向」，不僅能融化我們與目標之間的冰牆，促進我們

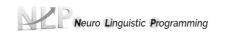

前往目標的進程，同時更能激發我們勇於冒險犯難的能量。

　　一旦深知從腳下、心無旁鶩地逐步耕耘，終點的收成就是自己想要的報酬，在前有誘因、後無退路的驅使下，我們就會對當前的行動更加積極，更加無所畏懼，期許自己盡快抵達目的地。

　　因為對目標有發自內心的興趣與永不停歇的熱忱，自然會累積豐富的相關知識，自動自發，甚至廢寢忘食地尋求，活力十足而毫不懈怠。例如當年李遠哲在歐洲的實驗室裡，日以繼夜地進行化學實驗，正是熱忱讓他最終獲頒諾貝爾獎。

### ◉ 持續修正目標與自我激勵

　　時刻檢查自己是否有實現預期的目標，並視實際情況適時修正；另一方面還需以目標不斷地激勵自己。美國心理學家威廉‧詹姆士（William James）研究發現，一個沒有受到激勵的人，僅能發揮其20%至50%的能力，而當他受到激勵時，其能力可以發揮至90%，甚至更高。

　　人們都有一種傾向，一旦實現了一個目標，就會以為大功告成，產生放鬆、懈怠的感覺。然而，一個積極進取的人，多半會在實現目標之後，再為自己設立一個新的目標，不斷在新目標的激勵下提升自己。

　　切勿在達到一個目標許久之後，才去尋找制定下一個新目標，應該時刻在心中充滿規劃，每完成一個目標，就已知道下一個要前進的方向在哪裡。

### ◉ 有效目標的 SMART 原則

　　確定有效目標的「SMART」原則，必須符合以下五個條件：

★ Specific（具體的）

★ Measurable（可以測量的）

★ Achievable（能夠實現的）

★ Result-oriented（結果導向的）

★ Time-Limited（有時間限制的）

如果再簡化一點，可將有效目標的核心條件概括為兩個：一個是「量化」，另一個是「時間限制」，這樣就可以使目標的「可操作性」更加明顯，有利於我們精準掌握目標的進度。

**「量化」：**有兩個意義。一種是指「數字具體化」，意即要寫出精準的數字，例如，你在三年內要實現的收入狀況，就可以量化為一百五十萬元、一百萬元等具體的數字。

第二種是指「形態指標化」，意即將其表現形態，全部以數字化指標來補充描述。例如，目標是想買一棟房子，就應該具體說明：多大面積、幾房幾廳、價格多少、具體位置、房屋朝向、周邊環境的要求等。

**「時間限制」：**指的是你所確定的目標，必須有明確的期限，具體到某年某月。沒有時限的目標，不是一個有效的目標，你很容易為自己找到拖延的藉口，使目標實現之日變得遙遙無期。

目標要能實現，就必須將目標分解為具體的行動計畫，讓自己知道自己現在應該為達成目標做些什麼努力，使目標擁有具體的行動基準。

把目標分解量化為具體的行動計畫，通常是採取「逆推法」，即確定大目標的條件後，將大目標分解成為一個個小目標，由高層級到低層級，層層分解，再根據設定的期限，由將來反推回現在，即能明確自己現在應該要做什麼：即時行動 → 小目標 → 大目標。

## ◉ 逆推法分解量化目標

　　用「逆推法」分解量化目標，為具體行動計畫的過程，與實現目標的過程正好相反。分解量化大目標的過程是逆時推演，由將來反推回現在，而實現目標的過程則是順時推進，由現在往將來的方向推動。

　　目標不怕高遠，但要衡量自己的能力，具備到達目標的實力，才能事半功倍。想達成目標，則必須要有計畫、有進度、有預算，把自己的人生當成企業專案進行全面的量化管理。所以用SMART原則的目標管理，就能成就最SMART的人生。

## ◉ 訂立目標時的自我檢驗法

❶ **事件：**一種挑戰的名稱，例如應考托福。

　　→ 事件要具體，如果是跳國標，不能只講跳舞，不但要指明特定的舞風，例如森巴，還要具體指出是什麼樣的活動，例如參加國標大賽。

❷ **程度：**具體要達到的成績或者程度，例如110分。

　　→ 程度要精準，不可單單說希望能「進步」或「變強」。而是要有客觀的分數或是能做出的效果具體來說是什麼？例如說要有錢的話，可以設定要富有到能夠零貸款買下一台全新賓士車。

❸ **今天馬上就能完成的事情：**例如寫完模擬考題中的一大題。

　　→ 今天馬上就能完成的事情非常重要，重要不在於它的難度，而是「可行度」，這一步可能會遇到一些困難，但重點是確保自己100%有能力在今天就完成它，即便設定的事情簡單到無聊也無所謂，重點是能讓你跨出第一步，而同時你不會遭遇到什麼太大的壓力或困擾。這個第一步可能很簡單，但也可能是你從來都不願意花時間做的事情。

❹ **截止時間：**例如今天晚上吃飯以前。

→ 截止時間沒有協商空間，如上所述是你100%能完成的時間限制，最好能訂立目標的數小時內，甚至數分鐘內就能完成的事情，否則隨著時間流逝，變數會超乎想像地增加，慢慢腐蝕掉原先的計畫目標和達成的欲望。

**❺ 里程碑：例如做完兩份考古題。**

→ 里程碑必須要非常明確，最好能以具體數字或程度來表達，可以使用程度從零到一百中間，可能在五十的時候能完成的事件，以準備考試來說，就像完成兩份考古題。

**❻ 截止時間區間：例如最好能在二月二十日前完成，最慢則必須在三月一日前完成。**

→ 里程碑的時間不需要精確，而是要讓自己知道大概什麼時候自己要走到半路，過了這個里程碑，就能用里程碑的成就來激勵自己，走完剩下的部份，里程碑要盡量選擇客觀事件，能夠讓大家親眼目睹，並發表意見的場合，所以時間上也不能模糊，要訂出一個時間範圍，以及最快、最晚是何時。

**❼ 終點：例如報考完托福。**

→ 終點站代表停止，但也代表全新的開始。終點站的最佳結果就是「你的目標」。記住，這是戰爭，是最真實的結果。到達終點所得到的經驗，是一路走來努力的最佳報酬。

**❽ 再戰的時程：例如差二十分以上，再準備半年。**

→ 再戰的時程事先考慮，因為人的欲望太多，時間卻是固定的。究竟值得再花多少時間？自己願意捨棄多少未來的機會，而堅持自己想要的目標，想清楚這一點，可以讓自己明白，這項目標究竟是茶餘飯後的消遣，還是真正的「理想」。

如果只是想打發時間，讓自己有個虛幻的夢，不如把時間拿來做更有價值的事情。這一步有很多的「如果」，而且未來發生的事也可能一變再變，重要的不是幾年幾月或者幾分，而是藉由思考清楚，讓自己了解自己究竟有多少能耐？自己還有多少青春可以投資？如果失敗了又該怎麼辦？諸如此類的問題。

### 這樣做最關鍵

設立目標是能達成才算數，否則只是空想，因此在拉高目標的同時，又要確保能完成，這就是訂立目標的學問所在。因目標訂太高容易變得眼高手低、愛講大話的人，而目標訂太低的人則難有所成，要如何訂立「正確」的目標，其實並無定論，因為目標是會隨時間持續變化的。「有點難又不會太難」，就是訂定目標的最高原則。

訂立了太高的目標，超過團隊的能力所及，他們雖口頭同意，但心裡卻已經徹底放棄。所以一定要訂一個對他們來說有挑戰、不易完成，但只要努力就有可能完成的目標，這才是訂定目標的最高境界。

**NLP 便利貼**

## 迪士尼法
### ～助你有效掌握目標

### 迪士尼法的理論

「迪士尼法」是一套很有效的策略思考工具。它是羅伯特・迪爾茲（Robert Dilts）在研究著名卡通大王華特・迪士尼（Walt Disney）的工作模式後統整出來的。迪士尼的想像無限，同時能夠把天馬行空的情節化為故事。帶給世界上千萬人歡笑，進而建立起一個事業王國，非常不簡單。

迪爾茲首先在他的書「Tools For Dreamer」（1991年出版）中介紹了這個方法，但是沒有提到迪士尼的名字，在他的另外一本書「Skills For The future」（1993年出版）中，他才說明這個方法的來源。

「迪士尼法」有三個角色：分別是夢想者（The Dreamer），實幹者（The Realist）和批評者（The Critic），三個角色有其不同的功能，如果我們永遠只想遙不可及、模糊的事，就永遠只是一個The Dreamer（夢想者）。

「迪士尼法」要使用到三個角色：夢想者、實幹者、批評者。顧名思義，夢想者就是要發揮創造力，要不受限制地進行充分想像；實幹者就是要努力實現夢想者所設想的東西；而批評者的主要功能，是考慮夢想者與實幹者所想的現實可能性。

事實上，在我們的日常思考中，也會用到這三個角色，但與「迪士尼法」不同的是，我們經常讓這三個角色交叉起來，為什麼這麼說呢？相信每個人都有過這樣的經驗，每當自己在許下一個夢想時，內心總有

一個質疑的聲音：這可行嗎？

「迪士尼法」的要點在於，它應用了平行思維的原理，這三個角色按照順序出場，彼此各行其事，不會重疊，如此將能最大限度地發揮你的創造力，並與此同時照顧到整體性。

如果我們希望得到極大的成功，就需要三個角色的全部參與，這技巧能使我們清晰地把每一個角色探討的透徹，在平衡大局的同時，又能洞悉細節，從而成功達成目標。

「迪士尼法」中包括三個角色，三個角色各有其功能：

★ **夢想者**：創造力強、創意無限、天馬行空、沒有限制。

★ **實幹者**：執行夢想者的主意，排除萬難，謀求做出效果。

★ **批評者**：考慮到現實的條件及不同方面的顧慮，控制事情的可能性及整體平衡。

在開始練習之前，試著思考，如果三個角色中，沒有了任一個或兩個，會有什麼樣的情況出現呢？

## 🌐 迪士尼法的步驟

▶ **步驟一**：選定一個要思考的具體事件。

▶ **步驟二**：在三張白紙上分別寫上「夢想者」、「實幹者」、「批評者」。然後將它們放在地上。

▶ **步驟三**：先站在夢想者的紙上，集中思考你最想得到什麼，最想達成什麼，要沒有限制地發揮自己的想像力。在此一步驟，最重要的就是不要自我設限，每當有「不可能」、「太離譜」，這些想法出現時，就必須要把它們丟得遠遠的，就像你在大腦裡進行

「摔角」，你要把對手舉起來，摔得遠遠的。同時你可以隨心所欲地得到你想要的結果。這個方法可以用來消除任何限制性想法，一定要注意，在這個步驟裡，「不讓自己受限」最為重要。

▶ **步驟四：** 充分想像後，從「夢想者」的紙上走出來，做點別的事情，可以是走幾步或者是想其他事，不用太長時間，幾秒鐘即可。接著，站入寫有「實幹者」的紙上，集中精力思考如何實現剛才「夢想者」所設想的。你要不斷地問自己，怎樣才能做到？同時也要把「做不到」的念頭拋開。

▶ **步驟五：** 想完如何才能做到後，從「實幹者」的紙上走出來，同樣做點別的事情，幾秒鐘後，站上寫有「批評者」的紙上。然後，開始考慮有什麼漏洞，剛才「夢想者」和「實幹者」所想的東西中，有哪些是和現實情況最不符合的？

▶ **步驟六：** 從「批評者」的紙上走出來後，可根據實際狀況選擇，看應該再站入哪個角色考慮，直到你有了滿意的方案為止。

以上即為「迪士尼法」的全套步驟。對這個方法熟練後，就可以把這個步驟簡化，可以不必站到寫有三個角色的紙上，而直接在這三張紙上寫上你的設想，其他要領不變。

這是一個很好的方法，接著，請你來親自感受一下這個方法，選出一件目前需要你仔細規劃的事情，然後以輕鬆好奇的心情做這個練習，要遵守「迪士尼法」的各個要點。

在本技巧中，務必致力於做好事前規劃，以避免吃「後悔藥」。這可以讓你在採取行動之前，像一個出色的軍事指揮家一樣綜觀全局，制定出最有效的策略，採取最有效的行動，避免大量的時間浪費。

## 6-2 改善低落執行力的訣竅

### 拒絕「窮忙」

在二十世紀七〇年代時，有未來學家曾預言：「當人類進入二十一世紀之後，每週的工作時間將減少到三十六個小時，人們將有更多時間來提升自己和進行休閒娛樂。但是當時間真的來到了二十一世紀時，人們的工作時間不僅沒有減少，反而在大環境不景氣的狀況情況下，變得越來越長，越來越「窮忙」。

「執行力」成了員工職場生存不得不接受的嚴峻法則，也成為企業管理人才遵循的手段，員工的能力成為每一位管理者最重視的問題。

我們說「人」是最難掌握的一項變因。需要更多的時間與過程去適應與上手、突破。因此，企業在提高員工執行力的過程當中，一定要有一個清楚的認知，那就是一個企業即使有再偉大的目標、再完美的企劃與團隊，但如果沒有強而有力地執行，最終也只能是紙上談兵。

如果我們要加強企業執行力，就必須在組織設置、人員配備及操作流程上，有效地結合企業現狀，將企業整合成為一個安全、有效、可控的整體，並在制度上減少管理漏洞，在目標上設定標準，在落實上有效監督。如此，企業的執行力自然就能得到有效提高。

## 「執行力與自然淘汰」

美國通用公司前CEO傑克‧威爾許（Jack Welch）始終強調這樣的觀點，我們必須不斷地裁掉最後10%的員工，這項措施對於公司的發展來說非常重要，各部門經理每年要將自己管理的員工進行嚴格的評估與分類，因而能產生20%的明星員工（A等），70%的活力員工（B等），以及10%的落後員工（C等）。

而全球著名的微軟公司（Microsoft Corporation）在人才的任用上也同樣選擇了這樣的做法，微軟每半年會對員工進行一次考核，其中效率最差的5%的員工將被淘汰。從1975年公司成立開始，這項政策一直實施到現在。

只有將較差的員工淘汰，企業才能保持源源不斷的熱情與活力，這會帶給員工充滿高度競爭力的職場環境。因此若缺乏足夠的競爭力，必將遭到淘汰。只有具備高專業度、高度執行力的員工，才能在職場之中游刃有餘，步步高升。

## 「行動＞言語」

鋼鐵大王安德魯‧卡內基（Andrew Carnegie）說：「隨著時間的增長，我越來越不看重人們的言語，我只看他們的行動。」執行能力已經成為現代企業最看重的員工素質，對於員工來說，努力培養和提高個人執行力，也是取得良好工作業績的必要前提。

因為執行力差是企業的最大內耗。不僅會消耗企業的大量人力、財力，還會錯過機會，影響企業的戰略規劃和發展。因此，要提高企業的執行力，首先要從管理上體現，用管理的方法，形成企業的整體風格和

氛圍。最後，使整個企業和人員都能具備足夠的執行力。

人之所以優秀，在於優秀者更有實現構想的能力，這就是一個人的執行力強度；企業亦是如此，一個優秀的企業，即便與其他企業做著同樣的事情，只要比別人做得好，落實得更到位，執行就能更有效。

## ◎ 執行力攸關上司的領導力

將企劃與執行完全分開，當作兩件事來理解與實行，將企劃當成上司的特權，把執行當成下屬的義務。其實二者是相輔相成、不可或缺的，因企劃需要有效的執行才有結果，而成功的執行則需要正確的企劃。因此，明確上司的處理能力，對提升團體整體的執行力很重要。

執行是下屬的職責，而如何達到既定目標，是領導者的工作，如果員工執行力不夠，往往跟管理者的領導力脫不了關係。如果員工執行不到位，按照帕雷托法則（Pareto principle，也稱為二八定律或20/80法則），即上司的責任佔80%。

有些上司總是有些錯誤心態，例如認為優秀的人或性格善良的人是不會犯錯的。因此經常盲目聽信下屬「我辦事，您放心」之類的話，以至於疏忽應有的檢查或督導的細節。在安排任務和目標時，缺乏「如果執行不易，就……」之類的設想。然而，正確的做法應該是：

★假設人會犯錯，或者未必執行到100%，設立相應的預防措施。

★制度第一，能人第二；用人要疑，疑人要用。

★確認制度是否有缺失，流程是否不清？

沒有相應的管理制度，工作流程，或者制度過於繁瑣、流程不夠嚴

謹等等，都有可能不利於執行。如此，員工在執行過程當中，就不能做到「有章可循」、「有流程可走」，那麼執行力怎麼可能高呢？

## 不改變目標，要改變方法

職場文化上，員工與管理者會有立場上的「不對等」，甚至是衝突的情況。然而，執行力需要遵從規則，以原則為中心，才能產生真正的效果。至於方法則因執行者而異，且因地制宜，但絕不違反基本規則。

然而，許多管理者卻經常有朝令夕改的毛病，更不用說多數的管理者一到了新公司，便愛好建立新制度。急於摒棄舊的模式，以嶄露自己具有領導才能的那一面，正所謂「新官上任三把火」。遺憾的是，火還沒燒旺，自己卻先消失的空降部隊並不少。

關鍵在於，「凡是已經決定的目標，就不輕易動搖。」看看那些成功的人，他們通常不改變目標，而是改變方法。而失敗的人總是改變目標，不改變方法，這就是差異所在。

## 協調資源是手段之一

協調內部資源，好的執行往往需要一個公司80%的資源投入。而那些執行效率不高的公司，資源投入甚至不到20%。這中間的60%就是差距。這種差別不僅僅只能在書面上顯示，一塊石頭在平地上就只是礦物，而從懸崖上墜下時，卻可以爆發強大的破壞力，這就是集勢，把資源協調調動在戰略上，從上而下一致方向，能達到事半功倍的效果。

## ✅ 保障制度

企業的戰略應該透過績效考核來實現，而不是僅從單純的道德上來約束。從客觀上形成一種攤在太陽下進行的獎懲制度，HR（人力資源管理）利用 KPI（關鍵績效指標）來判斷員工是否具備足夠的執行力，該協調書以法律依據明白當事人責任，需從主要業績、行為態度、能力等主客觀方面來評價個體執行能力。

實行具體獎懲措施，如獎金、工資調整、評選優秀、儲備人才培養等。同時實行一定比率淘汰制，用獎懲來提升員工的敬業精神，以發揮更好的管理執行力。

## ✅ 團隊的素質與強烈的責任感

員工是否具有責任感，是衡量其工作合格與否、稱職與否的首要標準。因為工作就意味著責任，沒有不需要承擔責任的工作。用心去做好本職工作，不但是對企業、對社會、對國家負責的表現，同樣也是對自己、對家庭、對事業負責的表現。

有了責任感，精力就會集中在發展上，工作就會用心、熱心、盡心，就會積極主動地想辦法、出主意、實行措施、精益求精地落實，執行就會沒有任何藉口。

執行力作為一門如何完成任務的學問，並非只是一個簡單的管理問題，而是一套提出問題、分析問題、採取行動、解決問題、實現目標的系統流程。在這個流程中，人的因素是第一順位。

在工作任務、目標明確後，最終需要人去執行。安排工作、部署任務要因人而異，找到合適的人，選派具備執行該工作能力的人，引導其發揮潛能。因此，一個團隊素質的高低，直接決定了執行力的強弱。

## 車好馬壯不如方向正確

《戰國策·魏策四》有則名為「南轅北轍」的寓言：有個人要前往楚國，卻駕馬車朝北而行。季梁（魏國臣子）問他：「往楚國怎麼會往北邊走呢？」那人說答：「我的馬好。」季梁說：「馬雖好，這仍然不是往楚國的路。」他回道：「我的盤纏豐足！」季梁又說：「盤纏雖多，這仍然不是往楚國的路。」他答道：「我的馬夫本領高。」季梁嘆口氣道：「這些東西再好，方向不對，離楚國只會越來越遠啊！」

由此可見，車好馬壯皆不如方向正確。確立目標，就是確立行動的內容（what）與方向（how）。

對行動的內容毫無概念，則後續行動的可能皆遭扼殺。正如不管多大的數字乘以零，最後的結果都是零；對行動的方向一無所知，將可能讓自己誤陷歧途，而在岔道上的一切努力，不僅無法縮短與目標之間的距離，甚至可能與之背道而馳。

現行教育體制造就了不少狹隘的思維，形塑出一群又一群沒有目標的莘莘學子。然而，等到出社會後過度汲汲營營，可能連原先值得發展的長才或興趣都遭泯沒。

## 情報要整理，情報要活用

在盡力搜集情報的同時，也要懂得將情報分門別類，才能成為有益於自己的助力。否則，費了一番心力搜集來的情報雜亂無章，想要使用時卻不知從何找起，如此根本就派不上用場。

如果我們沒有養成事先搜集情報的習慣，那麼做事的時候，就只能全憑直覺或者經驗來判斷。這當然不是聰明人的做法。但如果只想依賴他人的經驗，那麼不但容易打擾別人、給人添麻煩，而且也未必能因此

得到真正有益的資訊。

此外，對於自己的生活、交友情形，以及從事的各種活動等等，都應持續地進行各種記錄，可以把有用的部分記錄影印下來。至於引發靈感的文字，如果是在通勤的車內讀到。那麼不妨先用小便條紙加以標示，等到達公司或返家之後，再做更進一步的摘錄、整理工作。

而手邊閱讀的報章雜誌資料，則可以用手機拍下來。在與人見面或者聆聽演講時，也要記得記下將來可用到的資訊。

過去類似小手帳這樣的東西，多數人都已經習慣隨身攜帶，但是如果沒有好好利用的話，那就無異於一個裝飾品。因此如何養成使用隨身手帳本的習慣，便成為做安排規劃前的一個課題。

懂得善用這類工具的人並不少，坊間甚至出版過大量的手帳教學書籍。但歸根究底，其中的首要條件，還是要能持續地長久使用。

其實，搜集情報人人都會，只要擁有足夠的時間、金錢、空間，那麼一切都不難處理了。所以擁有豐富的資料之後，要如何能在短時間內，找到自己適用的情報，也是相當重要的。

## ◎ 在計畫表上以圖形標示進度

想確實地活用時間，就應保持今日事、今日畢的習慣。換句話說，當天應該完成的工作，不要拖拖拉拉地延遲到隔天。

即使是經過妥善規劃的事，要想在短期內立竿見影，恐怕也不容易。但只要能照計畫按部就班地進行，隨時將實際進度標示在預定的行程表內，並每天做檢討改進，就可以不負眾人所望地完成工作。

在工作進行期間，必定會碰到許多困難，除了自己可能必須咬緊牙關之外，也要經常地鼓勵團隊夥伴，讓大家一起在工作中成長。

而在計畫表上留下進度的圖形，也是激勵其他夥伴的一種方式，就算沒有公司的口號或者是宣傳標語，明確的計畫與進度標示，同樣能讓團隊夥伴感到振奮。

　　一旦累積較多經驗時，下次再遇到同樣的事務，也能一邊推算、計畫，一邊注意狀況的變化做調整。就算手上同時有好幾個專案進行，但藉由這些掌握進度、提升志氣的技巧，就能如計畫所想的，突破一個個難關，成就目標，而在到達終點之前，那些畫在記錄表上的標示，就是不斷鼓勵自己奮力向前的動力。

## ◉ 進行提案與反思，記錄有效的部分

　　結束一天工作回家之後，千萬別馬上倒頭就睡，而是應該在洗澡或是放鬆的時候，順便思考一下，今天一天所得到的新知識，加以整理。

　　若是不把這些「統整工作」當成一回事的話，就無法適時地吸收新的知識和技術，以致於在工作方面，失去更多精益求精的機會。把記憶中殘留的部分記錄下來，嘗試各種新的做法，並且透過實際行動，實踐工作中的學習能帶給自己的啟發。

　　一些組織或團體在結束某個專案時，也會同時確認或測定所有團隊參與者的學習效果，作為最終的重點總結。

　　在計畫進行到最後階段時，不要忘記從整個作業程序當中，嘗試回覆每一個人所做的報告、文件、記錄，以及全體成員曾討論過的議題和內容，有哪些做的不錯，又有哪些必須改進，或者不可預期的阻礙，這些細節都應一一加以檢討，以便作為下次進行的參考，而這些結案報告過程所帶來的價值，或許還遠勝過案子完成本身的價值。

　　因為一旦再有類似的工作內容，別人就可拿來作為參考，有效地利

用前輩的經驗，這也就是將過去的錯誤或失敗經驗作為借鏡，以利下次工作的進行時，不需要多繞遠路。

藉由「提案反思」的制度，或以小集團方式，執行品質管理或者改善方案。這種集思廣益的方式，不但可以想出新點子，還能節省每個人的時間，同時匯集全體成員的共識。

 **這樣做最關鍵**

有好的理解力，才有好的執行力，因為好的溝通是成功的一半。透過溝通、群體決策、集思廣益，便可以在執行過程當中分清策略，因為「最好的不一定最適合」，而「適合的才是最好的」。透過從上至下的團隊合作，能使過程更加順暢。真正的贏家並不是全盤皆得，而是只掌握為達成目標所需的資源，才不會在過分的執著當中，喪失成功的機會。

也就是在考慮「想要什麼」之前，先考慮自己「不需要什麼」，適度地拿捏得失，不僅能夠撥雲見日，更能在抉擇之間養成過人的智慧。

# 6-3 如何有效促進團隊合作力

## 團隊合作，共享成果

團隊合作就如一群人出門旅遊一樣，有人負責搬重物，一些人負責煮飯菜，雖然分擔的任務不同，但是每個人都可以吃到大家同心協力煮出的飯。企業的團隊合作也是相同的道理，如果表現優秀的人備受奉承，導致個人過於跋扈是不可行的。因此，團隊需要評價各分配任務中的達成度，並經常讓全體員工認知成果，彼此分享成效。

如果你不在乎榮耀最後歸屬於誰的話，成就往往會更大。成功學先鋒拿破崙·希爾（Oliver Napoleon Hill）發現在每個行業內，成就最大的人都有一個或大或小的團隊，單打獨鬥者鮮少出頭。因成功者均是能與他人協調合作者，例如在NBA國際職籃中，真正的英雄往往不是得分者，而是助攻者。

然而，什麼樣的人才算是合適的合作伙伴呢？其實，尋找合作夥伴，就像找結婚對象一樣，各自都有著不同標準和不同需求，因此也不能一概而論。以下有一些通用的判斷原則：

## 「性格互補，達到共同目的」

1973年，史蒂夫·鮑爾默（Steve Anthony Ballmer）以SAT（相

當於美國的高考）滿分成績，如願進入了哈佛大學數學系。大學一年級時，鮑爾默與比爾‧蓋茲（William Henry Gates III）在學校裡觀看《雨中情》和《發條橘子》兩部電影時認識，看完電影後，兩人還一起合唱了電影中的歌曲。

鮑爾默和蓋茲都精力充沛，可以熬夜幾天幾夜。兩個人會在早餐時一起討論應用教學，比賽數學遊戲。他們大多時候都翹課，盡可能花最少的時間，得到最高的分數，他們的老師麥克史班斯教授說：「蓋茲和鮑爾默幾乎不來上課，但是門門課都拿A。」

和蓋茲拘謹穩重、不善交際的內向個性剛好相反，鮑爾默是外向的人，熱情洋溢，很有幽默感，喜歡用誇張的語調表現自己，並有著極強的社交能力。兩個人性格互補，有著驚人的默契。這也為他們未來的合作奠定了基礎。

由此可見，史蒂夫‧鮑爾默與比爾‧蓋茲能夠建立友好的合作關係，除了兩人都很優秀、有共同的愛好之外，還因為兩人的性格互補，能夠彌補彼此的不足，達到彼此的共同目的。

## 尋找適合的合作夥伴

自己的工作與他人有什麼關係？或者是他人的工作對自己的工作有什麼影響等問題。若能理解，並妥善安排與己相關之人的任務，那麼即可達成團隊合作之效；相反地，無法確認相關之人的任務，中途隨意安插職務的話，則無法發揮團隊互助之效。

有關團隊合作的定義是：「充分發揮自己的任務」、「對他人予以援助」、「幫助他人不求回報」、「每個人分擔任務並共享成果」。

　　凡事都需要團隊的力量，單槍匹馬打天下實屬不易，在紮根的過程中，精明的人都非常了解合作的重要性，他們認為：找一個旗鼓相當的合作夥伴，就等於成功了一半，合作不僅能揚長避短，還能共同承擔風險，更能夠增加雙方的利益，為彼此累積更多的財富與力量。

　　那麼，若要試著合作以達成雙方的利益取得，以下幾點需要注意：

## ◎ 不適合與之合作的類型

　　石油大王洛克菲勒（John Davison Rockefeller）在寫給兒子的信中曾提到：「合作，在那些妄自尊大的人眼裡，或許是件軟弱或可恥的事情。但在我看來，合作永遠是最聰明的選擇。而我之所以能跑在競爭者的前面，就在於我擅長走捷徑，那就是與人合作。在我創造財富的旅程的每一站，你都能看到合作的站牌。」

　　「因為從我踏上社會的那一天起，我就知道，在任何時候、任何地方，只要存在著競爭，那麼誰都不可能孤軍奮戰，除非他想自尋死路，聰明的人會跟他人，甚至跟競爭對手形成合作關係，假借他人之力使自己存活下去或者強大起來。」洛克菲勒這樣說，自然也是這樣做的。因為與他人合作，是他經商的主要手段之一，洛克菲勒靠著一家煉油廠起家，創造了洛克菲勒神話，建立起極其龐大的商業帝國。

　　因此，合作夥伴可以有很多種，也可以因為很多原因而建立。但是，下列幾種人，卻不適合與之合作。必須多注意：

　　★不學無術、缺乏特長的人。

　　★對他人總是抱有懷疑，不能以誠對待，處處想要算計別人的人。

★善於逢迎巴結，見風轉舵的人。

★思想保守，缺乏熱情，缺乏拼命精神，卻又一意孤行的人。

## ◎ 聊天有效促進團隊合作

究竟該怎麼做，方能使團隊合作順利地推展呢？和一個陌生、或者不熟悉的人合作，相信任何人的意願都不會太高，為什麼呢？因為和對方不熟悉，警戒心比較強，要解除這樣的警戒心，建立起合作的情緒，一定要互相充分理解對方的立場與想法。

最關鍵的是彼此間的交流溝通。而互相理解可以透過交流來完成。這種交流包括工作崗位上的命令、報告，上下縱向的交流、討論工作，以及開會這類的橫向交流，乃至於在工作場合內的談話、每天打招呼等非正式的交流活動，種類非常多。無論正式或非正式，只要頻繁交流，對促進理解、建立良好的團隊默契，都有很大的幫助。

特別是委婉的每日寒暄、聊天談話最有效果。另外像是一起吃飯、旅行、休閒等，對促進交流的幫助也很大，這是因為處於休閒狀態下的溝通，多半是真心的交流，而且這份共同的經驗將成為共同話題，增進彼此的了解與情誼。

## ◎ 務必讓團體意識到共同目標

不管再怎麼互相理解，如果雙方的利害是對立的，還是無法合作。

為了產生合作的意願，雙方的利害一定要調整一致。例如在工作崗位上，讓他們擁有一個達成後雙方都能滿足的目標。以零售店為例，如果從業人員同心協力達成銷售額增加的目標後，即增加獎賞的比例，這對建立完整的團隊合作，助益良多。

決定這種目標時，不見得只由管理者本身思索，最好召集工作崗位上的員工，共同討論後決定。因為，由大家商討後決定，可以說是員工群體之間自行決定的目標，比較容易把目標當成自己的事。

## 提高管理者的領導力

團體內，領導者的領導能力十分重要，意即仰賴領導者的心態一旦淡化，團隊合作的效能將變差。工作崗位的管理者，必須使自己成為眾人所倚靠的對象，管理者在工作上的能力，無論是對事物的判斷力，也就是見識；或者是本身的人品等，都要非常卓越。由此可見，管理者本身努力自我啟發，對提升團隊合作助益很大。

## 與有實力的夥伴合作，必須謹慎

與有實力的夥伴合作，看似背靠大樹好乘涼，但有實力的夥伴也有可能會倚強欺弱，或者是大魚吃小魚，不可不慎。

不過，既然雙方合作，兩方都是各取所需，實力弱的一方，雖然沒必要對另外一方一昧地遷就，但結果往往也會是「姑息養奸」。一旦對方掌握了你的特長，你就可能會被一腳踢開，便難以再從中獲益。如果與這樣的夥伴合作，就要掌握一些技巧和方法。

現實生活中，很多商業夥伴合作，夥伴之間都會發生矛盾，尤其是當一方實力較強時。初創業時，彼此尚能同舟共濟，可一旦有了一些成績之後，就可能會為各自的利益爭得面紅耳赤，最終導致合作失敗。

所以，這就需要我們選擇高素質、信譽好、志同道合的夥伴，還要簽訂必要的合約、協定等，僅以友誼為主，以感情為基礎進行合作，最終可能難以實現雙贏。

## ◎ 一致對外，而非內鬥

　　團體若有來自外部競爭團體的壓力，團體內的人們為了同心協力解決那份壓力，或者戰勝競爭對手，自然需建立起良好的團隊默契。只要團隊具有這種性質，例如零售店，讓下屬意識到有競爭對手（其他同類型的零售店），刺激大家同心協力不服輸，多半能夠有效地建立良好的團隊合作；若工作場所內的幹部互相爭權奪勢，或者感情方面出現對立，只會使內部的團隊合作變糟。

　　若有幹部之間的離心意識，身為領導者，更應該使其相互溝通交流，增進彼此的了解與讓步，建立完整的合作體制。忽略這點的話，就算自己工作崗位內的團隊合作非常好，整個組織的團隊合作，也只是一種派系鬥爭，毫無意義。

## ◎ 審視與上司的相處，自己是否心態正確

　　你有沒有想過，當你不喜歡某一位上司的時候，其實有可能是你自己的問題。

　　也許你認為坐在那個位置上的應該是你，不是他，因而出於一種莫名的嫉妒心，使你對上司感到不滿。又或者是他的行事風格與你不同，你主觀地認為，上司對你干涉太多，讓你無法自由發揮。

　　又或者是你太過個人主義，一向忽視團隊的合作等等。一旦你戴上了這樣的有色眼鏡，對他的看法就會產生主觀性的偏差，如此既誇大了對上司的不良感受，也會嚴重影響你的情緒和工作表現。

　　無論你與上司是否合拍，你都只需要放輕鬆地進行工作上的接觸，沒有必要讓自己累積太多無謂的壓力，那麼自然能夠減輕不少摩擦。

## 意見與上司背道而馳時，避免正面衝突

如果正好碰到與上司意見不統一，想法不一致的時候，最好的處理方法就是，放棄自己的堅持，服從上司的安排。無論如何，作為下屬的職責就是要服從上司，且確確實實地做事。再說，事情在還沒做之前，你又怎麼能肯定上司的做法是錯的呢？

更何況，對方還是對你的去留、升遷、加薪、職位安排都擁有著決定權的上司，不要輕易地用自己的職業生涯冒險。當然，如果你已經打定主意要跳槽離開的話，那就是另外一碼事了。

## 和上司營造友好關係

你想，這份工作只是個墊腳石，你不會做一輩子。即使這樣，若是能在這份工作上好好地建立穩固的人脈，能從上司那邊獲得一封漂亮的推薦函，那麼你極有可能在公司裡直線上升，或者換份更好的工作。但是如果你和上司交惡了，只會讓你「吃不完兜著走」，可能不至於被開除，但你很容易會卡在不上不下的窘境中，永無出頭之日。

與上司玩遊戲的秘訣是——「尋求共存」。既不要過於親密，也不要刻意疏遠，為了工作才和他友好是行不通的。與上司保持友好關係，在入職初期十分重要，因為這是彼此評估、揣摩心意，了解如何激發對方動力的階段，一旦你了解了上司的想法，就知道如何去掌控情勢，而不至於讓自己處於什麼都不曉得的狀態之下。

## 有餘力，幫助強化能力較差者

根據以色列物理高德拉特（Eliyahu M. Goldratt）的「限制理論」，由於資源有限，任何系統（企業、組織）會存在某種限制，而這個限制

即是系統最弱的一環，唯有從它下手，才能增強整個系統的強度。

換句話說，這個限制決定了一個企業或組織達成目標的速度，必須從克服限制著手，才能以更快速的步伐，在短時間內提升系統的產出。

登山或健行時，只要有一個人腳程比大家慢的人，他就會成為拖累全體的人。同樣地，工作崗位上，如果有一個能力比大家差的人，由於他無法把工作順利完成，就成了眾人的負擔，如果不能避免這種人的存在，這時團隊合作就非常的重要。讓能力比較好的人，協助他或是補足他的不足！

最好的解決之道，是教育能力較差的人，以眾人之力提升他的能力。管理者只要能夠注意上述各點，工作場所內的團隊默契自然會變好。

## ✅ 懂得合作，還要能分享

這裡所說的「分享」，並不是指讓你分享自己的利益給別人，而是讓別人與你分享他的利益，這也是我們常說的「一筆生意，兩頭盈利」。

要做到合作與分享，就要善於發現他人的優點與特長，並積極與之合作，互相受益，幫助別人就是強化自己，幫助別人就是幫助自己。如此，他人得到的不僅不會讓你失去，反而能讓你得到更多。

在這個世界上，每個人都是不同的。各有各地的資質和行事技巧，各有各的罩門和短處。可能你今天在某件事上幫助了別人，但在另外一件事上，你也可能得到別人的回報。所以，看似助人的行為，實際上也是自助，這也使我們免於陷入蠅頭小利的追求，從而在合作的成果中，共同獲得大利。

## ✅ 誠信能替你「守成」

追求成就也是如此，如果你不能做到對人對事真誠、守信，而是時刻都有欺瞞、貪欲之心，那麼總有一天會被別人識破，讓你失去更多值得把握的機會。

而談到誠信，首先當然要敢於說實話、做實事、負責任。短期來看，這種做法可能毫無意義，甚至會吃大虧。但從長遠來看，這樣的吃虧就像倒吃甘蔗一樣，未來肯定會替你帶來回報的。相反地，處處詐欺的人，能得到一時巨大的利益，但卻從此失去人們的信任。

被認為是誠實可靠的人，就能逐漸建立起自己的信譽，以及贏得道義上的優勢，他人也更願意與你來往、合作。這就像是商業中的大型品牌，知名品牌本身就是可信的，只聞其名就知道它生產的是好產品，在市場上自然也就吃得開。

守住誠信說起來很簡單，做起來卻不容易，稍有疏忽就可能打破自己的原則和許下的諾言。因此，我們要重視自己說過的每一句話，對「發言」負責，用行動說服他人的異議，在對方心中建立起誠信的形象，將真理、守信作為處世的根本，如此你會發現，你的行事會隨著你的誠信與美譽更加順利無阻。

**這樣做最關鍵**

　　有些話，對方不會明說，需要你從與他的對話中去理解弦外之音；有一些感情，對方不會輕易表達，需要你透過身體語言或感受去瞭解。

　　當對方是視覺型的人，當你必須向他彙報工作時，如果能呈上具有圖表的業績表格，那就更容易讓他看見你的工作表現，或者經常將書面報告以Mail的方式發送給他；如果對方是聽覺型的人，那麼你要盡量創造一些和他當面交流的機會，和他面談溝通，比電子郵件或書面報告來得好；如果對方是感覺型的人，那麼你要盡可能的讓他感覺到你的優秀。有效觀察，並利用對方的性格特質，將有助於你在職業生涯中取得事半功倍的效果。

 **消除抗拒的技巧**
**　～共同找出解決方法**

　　凡事總有三個解決方法，可以介紹的「消除抗拒」有五個步驟，以下是工作中出現的一個實例：

　　美惠是某公司的一個小主管，在明早的會議前，必須完成一份報告，他要求他的三個下屬加班工作，有兩個已經同意，只有志翰拒絕。

**一、採取一般的處理方法，會出現以下的對話**

　　美惠：「志翰，我們今天必須加班來完成這份報告了，老闆要我們在明天上午10點前交給他。」

　　志翰：「對不起，今晚我有重要的事情不能更改，不能加班，請你原諒我這一次。」

美惠：「偉明和小婷已經同意留下來，你是唯一懂得操作這台機器的人，我們沒有你不能完成工作。」

志翰：「我之前說過，我不能接受這樣緊急的加班工作，你答應過我會提早一天通知的，記得嗎？」

美惠：「但是這是一個突發狀況啊！你不能夠這樣離開。」

志翰：「我就是這樣，你喜歡怎樣做便做吧！（說完他就走了。）」

## 二、用消除抗拒法，對話將有很大的不同

美惠：「志翰，恐怕今天我們必須加班來完成這份報告了，老闆要我們在明天上午10點前交給他。」

志翰：「對不起，今晚我有些重要事情不能更改，不能加班，請你原諒我這一次。」

**消除抗拒步驟：**

▶ **步驟一：說出他的抗拒**

美惠：「你今晚有重要的事情，所以你不能和我們一起加班？」

志翰：「是的，真的很重要。」

▶ **步驟二：說出他的感受**

美惠：「我可以看得出這麼突然地通知你，要你將重要的事情另外做安排是很困難的。」

志翰：「是的，美惠，我很高興你明白這點，你還記得上次我們談加班的事情，你曾答應我若要加班，你會提早一天通知我嗎？」

▶ **步驟三：建立一致意見的基礎**

美惠：「是的，在兩個星期前的會議上，我答應過你這點，後來我

們不是說過那次會議很有效果嗎？偉明、小婷、你和我一起為我們的部門建立一個更順暢的工作制度。記得你很開心，甚至在第二天請我們喝咖啡嗎？」

志翰：「是啊！部門做了很多改進，我很開心。可是，無論怎樣，美惠，今天我真的不能夠留下加班，請你明白。」

### ▶ 步驟四：找出潛伏理由或需要

美惠：「你臉上的表情告訴我，今晚的事情對你真的很重要，可以告訴我是什麼事情嗎？」

志翰：「老實告訴你，我和我太太已經處在離婚邊緣，上個星期我們同意離婚，並且決定今晚談孩子的事情，你說這不是很重要嗎？」

### ▶ 步驟五：共同找出解決方法

美惠：「我同意這絕對重要。志翰，你的婚姻是人生中極其重要的事，你必須去處理這件事情。在你看來，我們如何能夠做到既可以讓你處理小孩的事，同時又可以完成手頭的任務呢？這份報告書明天上午十點前必須送到老闆的桌子上，就只有你一個人懂得操作那個機器。」

志翰：「我也不想讓部門有麻煩，這樣行不行？我晚飯後回來幫你完成這份報告書，我相信你們至少需要三個小時，才能做好你們那部分的工作。今晚九點半之前，我一定回來，把報告做完再走，行嗎？」

有些人會認為，使用這個「消除抗拒法」會花很多時間。然而這些時間是需要花費的，不然將來會花更多時間，去處理人事衝突，因報告做不好引起的後遺症，甚至辭退志翰，另請新人，所需要的行政、面試、培訓、熟悉工作的時間成本不是更多嗎？

# 6-4 雙專長爆發、迅速執行力的即戰力

## 新世代趨勢——「跨領域人才」崛起

與競爭對手之間的距離。差則毫釐，失若千里，然後一旦落後於時間的輪軸，勝敗幾乎就此底定。

李開復說；「二十一世紀最需要七種人，其中最重要的一種就是『跨領域人才』。」縱然在現在的知識學習體制之下，知識被割劃成眾多錯落的學門。然而，在二十一世紀的產業需求與成功實踐的路徑中，除了需在本行內登堂入室外，更需跨越專業藩籬，方能在不同的領域內有所建樹。

生於現下，我們不僅立足於極為重視效率的時代，更身處加資訊量全面爆炸的戰場，「持續變快」已不敷需求。還要讓每個「變快」的幅度都超越以往，才能穩挾速度優勢，闖出個人領域的一片天。

## 「半導體教父：雙專長的優勢」

臺灣積體電路製造公司（TSMC）領導人張忠謀，人稱「臺灣半導體產業教父」，正是身兼雙專長優勢的典範。張忠謀為美國麻省理工學院機械系的學士兼碩士出身，博士卻是在美國史丹福大學電機系取得。

在取得博士學位之前，張忠謀曾經歷過一次落榜的命運，因此決定

進入職場。當時的他同時找到薪資較高的福特和薪資較低的希凡尼亞兩家公司的工作。福特在當時乃是如日中天的大型汽車工廠,而希凡尼亞卻只是新興的半導體業,前景仍是一片未知。

性情好勝的張忠謀,當時並未考慮薪資的高低,便毅然決然進入陌生的半導體業,在工作之餘,勤學苦讀半導體相關書籍,爾後又轉入當時全球第一大半導體公司德州儀器,最後升為叱吒風雲的副總裁。

之後,力求精進的張忠謀,並未在落榜的失意中放棄對博士學位的期許,再度考進史丹福大學電機研究所,一圓博士之夢。憑著橫跨機械與電機的雄偉之姿,張忠謀返台創辦了舉世聞名的臺灣積體電路製造公司(台積電),成為讓半導體同業與對手們敬畏、讓朋友們欽佩的科技巨擘。

## 🔍 「瞬思力」

即所謂瞬間思考能力,能夠在須臾之間快速做出判斷與決策的本事。工程師寫出關鍵程式的瞬間,就是數十年來工作知識與危機處理的經驗運算,這個繁複的機制沒有邏輯可循,更不為外人所見,卻往往以驚人速率「靈光乍現」。

瞬思力人才正是知識管理的核心關鍵,由具有瞬思力的人才,將經驗與專業進行全面整合,進而規劃、評估、流通與創新,即可迅速提升與交流各層面知識的綜效與價值,並得以系統化地拓展與傳承。

若要培養迅速執行的即戰力,主要有以下幾個重要因素:

## ◉ 累積足夠經驗

「經驗」絕對是瞬思力與即戰力的堅實後盾，不可能一蹴而就。沒有經驗，就像尚未安裝任何軟體的電腦，沒有文字編輯軟體可以編寫文件、沒有收信軟體可以對外聯繫、更沒有瀏覽器可以搜尋資訊，非但不是「萬能」，甚至會落得「萬萬不能」，因此「即戰」目的的達成，絕對要有豐富經驗的加持。

## ◉ 精選資訊品質

人類的腦袋宛如海綿，在知識的不斷加諸之中而漸趨飽滿，但它很難區分液體的種類，吸收的可能是果汁、可樂，也可能是白開水。瞬思力不會由龐雜的知識組成，只有與眼前事務相關的經歷，才是需要瞬思力「瞬間提取」的資訊。因而，過多不必要的資訊非但不屬於「資源」，反而會成為判斷時的累贅，這些都需要個人適切的取捨。

## ◉ 平日即戰時的準備

李開復催生了全球第一個「非特定人連續語音辨識系統」，不僅為語音界投下一枚震撼彈，更排解了眾多行業的語音辨別困境。語音辨別系統牽涉統計學、機率學、模式識別、資訊、信號處理，以及聲學、語言學等綜合學科，然而李開復挾其跨界吸納的優勢，首次將統計學運用於語音辨別技術，讓當時僅約50%的語音辨別率，飆升至99%以上。

電腦科學博士出身的李開復，如果缺乏對其他學科的知識涉略，恐

怕也無法締造如此璀璨的研發佳績。

「機會是給準備好的人」，因而準備絕對是實現目標不可省略的步驟。然而，這個步驟可長可短，當「準備」得以成為轉瞬間的動作，離即戰力的養成就近在咫尺。

所謂「戰」，並不只意謂狹義的「困境」，它更廣義地泛指所有成功途中可見的「機會」，即時應用自身垂手可得的即戰能力，就能在開疆拓土時，節省不少虛耗的力氣。

## ◎ 小心偏見：「預示效果」

偏見乃是結合社會規範，打從幼年就在社會化歷程當中，與人格同步發展的產物，因而當我們意識到被偏見誤導，卻往往已經難以捨棄。偏見也會在這個「靈光乍現」的瞬間貢獻一臂之力。這道力量是好是壞，則必須視情況而定。例如社會偏見讓我們認定，某些種族較為優越或較為卑劣，然而隨著那些飽受汙名的種族漸漸嶄露頭角（黑人也可以成為美國總統），此時偏見就會成為瞬思力的絆腳石。

心理學上有所謂「預示效果」的概念，它指出我們常在日常生活中，不知不覺地接收各種資訊，並且內化成為「潛意識」的範疇。這樣的過程連我們自己都難以察覺，因而當偏見在我們的意識中發揮作用，對某些事物預設立場，使我們做出誤導判斷的可能，即會高過於經過深思的客觀判斷。

## ◎ 扁平化管理：打破科層思維

「扁平化管理」指透過減少管理層次、壓縮職能部門和機構、裁減人員，讓企業的決策層和操作層之間的中間管理層級盡可能減少，使

企業快速地將決策權延至企業生產、營銷的最前線，從而為提高企業效率，建立起富彈性的新型管理模式。它解決了傳統金字塔狀的企業管理模式中，諸多問題和矛盾。

就像搜尋引擎龍頭Google公司的扁平化組織，幾乎每位員工的職位頭銜都是「工程師」，任何創意都可直接往上傳達，因而能夠擁有轉瞬即發的思考力、即戰力與執行力。

## ◉ 跨領域人才該如何培育？

隨著IT產業的諸多技術性突破，台灣的產業環境不斷地面臨了新的發展，例如Instagram、TikTok的興起，讓一般的素人或者公司行號，甚至夜市的小吃攤等等，都能經營自己的品牌形象，打造出不同以往的市場價值。或者是現在網友們流行的團購，運用多數人的口碑，以及給予團體折扣，創造出全新的行銷策略。這樣的發展並非偶然，這都是一種1+1大於2的創新思維，才能發展出異於他人的市場商機。

而創意往往能透過不同的文化與價值，彼此激盪來發掘。舉例來說，第一台麥金塔電腦（Mac）有著令人驚豔的字體版面，關鍵就在於蘋果電腦創辦人賈伯斯（Steven Paul Jobs）大學時投入書法課，學會了各種字體的呈現，與獨特的字體藝術，才造就出麥金塔電腦裡的獨特版面，賈伯斯帶領著蘋果電腦邁向iPhone、iPad的成就，突顯出未來人才在「跨領域」學習的重要性。

然而，跨領域人才又該如何培育呢？旭聯科技的總經理康永華表示，可以先從人才價值來探討。人才價值又可分為四個面向：（1）適用性：人才所提供的知識及技能，可符合多樣性的任務需求。（2）延展性：人才依據本身所擁有的知識及技能，可創造任務需求以外的附加

價值。（3）獨特性：人才所具有的知識與技能，在任務執行上不易取代。（4）可塑性：在任務執行過程中，人才會主動強化新的知識與技能，以協助任務順利完成。因此，可以看出人才價值取決於所具有的獨特知識與技能，以及能否妥善於任務中加以運用，並創造最大價值。

## ◎ 各種人才的能力強項類型

**「一」型人：** 也就是淺碟型人才，對於各種領域的知識都略有涉獵，卻皆不精通，即使對於各家學問略知一二，若要加以運用，卻還尚缺火侯。

**「I」型人：** 也就是深入型人才，具有一項核心專長。但對於本行以外的學識卻一竅不通，雖然能在特定職務中表現突出，但遇到整合型或應用型的挑戰時，則會不知所措。

**「T」型人：** 乃二十世紀的優勢人才，隨著全球互動與產業連結逐漸加速，單足而立的「I」型人才，必然在時代的震盪中飄搖震顫，獨木難支；既廣且精的T型人，不僅擁有靈活運用與鑽研特定專業的能力，更能藉由跨領域整合能力，開展更為廣闊的視角。

現行大學教育在既有的學系分支之外，大力推動「通識教育」課程，正是培訓T型人才的策略。然而，隨著T型人才越來越多，後二十一世紀又該由何種類型的人才專美於前呢？

**「π」型人：** 具有廣學特質，加上雙項核心專長的人才，形同雙足穩立的「π」形字母。不僅受環境變遷的衝擊大幅降低，還能彼此交替融合，相輔相成，以一股優雅而平衡的站姿，在時代的涓流中屹立不搖。

雙專長得以讓個人跳脫本來專業的侷限，從另一個全新視角評估問題，在捕捉原先無法察覺的盲點之外，尋得超乎既有想像的出路。專業

過分特殊化的後果，就是為專業與專業之間劃下鴻溝，然而當兩項專業可在同一個人身上尋得，便可省卻不少思維與溝通上的障礙。

**這樣做最關鍵**

　　現在的新經濟時代，昔日那種「聽命行事」、「等待吩咐」的人才，已不符合時代需求，不必別人交代、積極主動做事的自發型人才，正處於搶手地位。主動性的有無，最能體現優秀人才和平凡人之間的差異；僅次於「主動做事」的人，就是接到命令後，就立刻去做的人；更次等的人，則是要人三催四請，才願意慢條斯理地開始行動；最差勁的一種人，則是連「為所當為」都做不到，即使有人跑過來向他示範怎麼做，並留下來陪他一起努力，也不想有所行動。思考一下，你是屬於哪一種人呢？

## 6-5 合理安排與利用時間是關鍵

### 提高「時間的質」

談到時間，一般人常說「時間管理」，但我們通常不說管理，而是時間需要整理，這是因為俗話說：「時間就是金錢」（Time is money）。金錢可以管理、可以整理，可以做投資規劃，生出更多錢的；但是時間不能生出更多時間，沒有複利這個概念。

或許你會覺得奇怪。怎麼成功的人，時間好像總是比別人要多一些？其實大家擁有的時間的「量」都是一樣的，但成功者時間的「質」就是比別人更勝一籌，關鍵是在於所謂的「時間深度」和「時間密度」。

### 「最後的話」

內德‧蘭塞姆曾是法國里昂最著名的牧師，他無論是在高級住宅區還是貧民窟，都有著極高的聲望。他在一生中親臨臨終者的床前一萬多次，聆聽臨終者的懺悔禱告，他的奉獻精神不知感化過多少人。

1967年，84歲的蘭塞姆因為年事已高齡，無法再去拜訪那些需要他的人們，他躺在一間教堂的教學樓裡，打算用生命的最後幾年來寫一本書，將自己對生命、對生活、對死亡的認識告訴世人。他多次動筆和修改，卻仍然感覺自己沒有寫出內心深層想要表達的事情。

有一天，一位老婦人來敲他的門，說自己的丈夫將要離開人世了，但在臨終之前還想見他一面。蘭塞姆不願讓這位遠道而來的婦人失望，便在他人的攙扶之下前去。

老婦人的丈夫是一位布店老闆，已經72歲，他年輕時曾和著名的奧地利指揮家卡拉揚一起學吹小號，他說他非常愛好音樂，且當時他的成績還遠在卡拉揚之上，指導老師也很看好他的未來。只可惜在他20歲時迷上了賽馬，將音樂的學習徹底荒廢了，否則他現在可能是一個發展相當不錯的音樂家。

然而，直到現在生命即將走到盡頭了，才回想起自己的一生，過得如此庸庸碌碌，他感到非常遺憾。他告訴蘭塞姆，如果到另外一個世界了，他絕不會再做這樣的傻事。因此，他請求上帝寬恕，再給他一次學音樂的機會。

蘭塞姆能體諒他的心情，也盡力安撫他，答應回去後會為他祈禱，並告訴他，這次的懺悔，他自己也受到很大的啟發。於是，蘭塞姆回到教堂，拿出他的六十多本日記，決定將一些人的臨終懺悔編成一本書。因為，他認為自己無論怎麼論述生死，都不如這些話能給人們啟示。

他給書取了個書名，叫做《最後的話》，書的內容也是從日記中選出的，可是在法國麥金利影印公司承印該書時，里昂發生了大地震，蘭塞姆的63本日記毀於火災。

1972年《基督科學箴言報》非常痛惜地報導了這件事，將它稱為是基督教世界的「里昂大地震」。同時，蘭塞姆也深感痛心，他知道憑他的餘年是不可能再回憶起這些東西的，因為那一年，他已是年屆90高齡的老人。

蘭塞姆於1975年去世。臨終前，他對身邊的人說，基督畫像的後

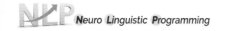
面有一封牛皮信紙，裡面有他留給世人「最後的話」。蘭塞姆去世後，葬在新聖保羅的大教堂，他的墓碑上工工整整地刻著他親筆寫下的那句話——「假如時光可以倒流，世上將有一半的人成為偉人。」

## 🔑 讓24小時變成48小時

管理大師彼得‧杜拉克（Peter Ferdinand Drucker）說：「不能管理時間，便什麼也不能管理；時間是世界上最罕見的資源，除非嚴加管理，否則將一事無成。」讓一段時間發揮倍於一段時間的效益，就是最高明的管理，也是無論個人或團隊皆須學習的成功訣竅。

善於解決問題的人會善用零碎時間，先進工具與系統方法等，在固定的時間裡塞進比別人多出上倍的計畫（高時間密度），並且在執行計畫時心無旁鶩（高時間深度）。如此一來，同樣是二十四小時的光陰，對成功者而言，就宛如四十八小時般從容閒適。

### ◎ 做時間管理之前，自問三個問題

**問題一**：我需要什麼？ → 明定哪些是非做不可？又必須親力親為的事情？

**問題二**：什麼能給我最高的回報？ → 把時間和精力集中在能給自己最高回報的事務上。

**問題三**：如何能獲得最大的滿足感？ → 在能給自己帶來最高回報的事情中，把滿足感當成重要的排序依據。

由上述的自問自答，理出目標與任務的優先順序和最大利益，讓你

的時間在有效利用下，壓縮掉無謂的繁瑣事務，創造更大的成事價值。

## 務必遵守「準備」→「實行」→「記錄」→「反省」四步驟

在每個階段的作業過程當中，務必要把握這八字箴言。換句話說，除了將注意力著重在如何減少時間的浪費之外，更要採取科學的方式，來解決過程中會發生的各種問題。

如果只是一頭栽入「縮短時間」的大框架中，反而會模糊了維持工作品質的焦點，陷入舉棋不定的思緒，或者在囫圇吞棗的做法中完成目標。而在決定工作目標、實行計畫之前，我們經常會將注意力投注在作業的細節上。而原因可能是人類長久以來所累積的智慧、經驗，已將人的思維推向機械化與簡單化。

再者，過去的成功經驗，可能會使經驗豐富的人，產生自大心態。結果反因過度自負，而疏忽某些細節、該遵守的原則，以至於嚐到失敗的苦果。

## 製作以一天、一週或一個月為單位的分配模式

在聽取擁有優秀經驗者的成功之道時，最大的一層意義，就是嘗試將他們的經驗之談，運用在自己的工作上。此外，還能有效提升自己的幹勁。

你不妨從身邊的 A4 紙開始記錄，自己每天從早到晚的時間花費，然後看看浪費的主因，究竟是出在哪裡？接著加以增減、衡量、分配時間，就能修改出真正能發揮效用的時間分配模式。

也就是說，你可以利用手邊的筆記本或者小手冊，以每一小時來記錄預定行程與行動的結果，再以一個星期作為單位，進行觀察與評估。

透過這種方式，你就會發現自己花費處理例行公事上的時間是幾個小時？開會幾個小時？接見來訪客人有幾人和花了幾個小時？參與飯局的次數有多少？花在路途上交通時間有多少？而一個人獨處的時間當中，真正地從瑣事裡進展到有正面性思考的時間又有多少？如此一來就能估算出自己總共浪費了多少時間。

這套方法能夠持續進行三個月或者半年的話，就能統計出自己的「標準績效模式」，然後針對這個模式加以檢討、反省，以製作出最理想，最適合自己的運行公式。之後，再將每個星期的實行結果加以對照，檢查自己是否仍有浪費時間的情況出現。

說了這麼多，你是否曾經針對自己的睡眠時間、通勤時間、私人時間、辦公以及開會時間，還有對外交際應酬的時間進行精準評估？就算你不想，或者是懶得做如此細節的觀察，那麼還是要以能做最簡單的記錄為最大前提，證實自己落實在數據上面的時間管理能力，是否有哪些是過於浪費的。

在公司來說，無論是打卡或者是簽到，都是強制記錄的方法，因此容易讓人覺得不愉快，但如果是自己製作的個人時間記錄表，就很容易能化解這類的情緒，甚至會產生必須好好填滿利用的積極想法。

## ◎ 依據「重要」、「緊急」原則，把工作細分為四大類

我們經常認為，只要是公司交辦的任務，都屬於應優先處理的事情，然而實際上，待處理的工作可以細分為四大類型：一是重要且緊急的事務；二是重要但不緊急的事務；三是緊急卻不重要的事務，四是不緊急也不重要的事務。

**第一種：**重要且緊急的事務，意味著事情非常重要，並且具有急迫

性和突發性，甚至需要我們立刻做出回應或加以處理，而這類事務可能是客戶突然要求解約，上司臨時交付一項急需完成的任務，即將到期的工作任務等等。

　　**第二種：**重要但不緊急的事務，通常是富有挑戰性，並且具備長期性規劃的特色，例如關係到年度考績的工作、重要企劃案的提案報告、建立人際關係、定期聯繫客戶、人員培訓計畫等等。

　　**第三種：**緊急但不重要的事務，指某些因為時間急迫而必須趕緊回應的事情，例如說接聽客戶電話、簽收廠商交送的商品樣本與信件等等。

　　**第四種：**不緊急也不重要的事務，意味著其沒有時間急迫性的壓力，例如打電話單純與客戶聯繫感情，處理私人事務等等。

　　透過以上四種工作事務的分類，我們可以將每週或者是每日的工作，妥善的設定出優先順序，並且進一步規劃出時程表。如此可以大幅提升我們的工作效率，以及避免疏忽某些需要處理的事務，造成工作進度延後。

　　或者是依據「重要」、「緊急」原則，把工作分為Ａ、Ｂ、Ｃ三級。

　　按照「輕重緩急」的原則，我們可以將工作區分為Ａ、Ｂ、Ｃ三級。Ａ級多半是緊急又重要的工作，Ｂ級是較為次要的工作，Ｃ級則是一般性的日常工作，藉由這樣的工作劃分，就能安排出各項工作的優先順序，並且大概推估出各項工作的處理時間和佔用的百分比，而當Ａ級工作遠比其他工作做得越多，通常工作效率就越高。

## ◎ 時間竊賊的十大類型

　　時間管理學者研究發現，人們的時間往往是被十大「時間竊賊」偷

走的：

❶ **找東西**：針對美國五百家企業員工所做的長期調查顯示，企業員工每年要把六週時間浪費在尋找亂放的東西上。這意味著，他們每年為了找東西要損失百分之十的時間，最好的處理原則即是——將用不到的東西扔掉，留下的東西分門別類放置，並且記得使用後要放回原處。當然，電腦裡的檔案亦然。

❷ **懶惰**：對付懶惰的原則是——使用日程安排簿與工作流程表，提前開始做應做的事，堅守既定計畫，並設定自我懲罰機制。

❸ **時斷時續**：因為重新開始時，人需要花時間調整大腦活動及注意力，才能在停頓的地方接下去做，解決之道就是規定工作時程，不到該階段終點不准自己中止。

❹ **單打獨鬥**：提高效率的最大助力，莫過於靠他人的專業協助，把任務委託給專業人士，授權他們達成目標，這會比獨自包攬一切更準確、迅速。

❺ **偶發延誤**：這是最難以控制的情況，避免的唯一方法是預先安排好計畫時程與備用方案，事前有準備，控制偶發延誤，就能把本來會失去的時間化為有用的時間。

❻ **沉溺空想**：老想著以前犯過的錯誤和失去的機會，而唏噓不已，或是空想未來。對當下都毫無助益可言，解決方法就是鍛鍊專注力，警戒自我思緒。

❼ **拖拖拉拉**：對付延宕的最佳方案就是「時間切割法」，把要做的事物切成好幾等分，分成幾個時段進行，就會降低實踐前的逃避心態。

❽ **對問題缺乏理解就匆忙行動**：這種人與拖拉作風正好相反，他們在

未獲得問題的充分資訊與了解之前，就匆忙行動，以致結果與目標毫無關聯，往往需要整個重來，克服這類問題，必須培養自制力，規定自己，了解不到一定程度不可貿然行動。

**⑨ 消極情緒：**消極情緒使人失去幹勁，處事效率下降，對人懷有戒心、忌妒、明爭暗鬥、憤怒及其他消極情緒，皆使我們難以讓時間得到最佳利用，這就必須進行自我心理調適，培養積極與正面的心態。

**⑩ 分不清輕重緩急：**這是時間管理中，最關鍵的問題，善用「重要/緊急法則」，就能助我們歸納出，最能創造效益的付出，有益於進行價值與重要度排序。

二十世紀美國保險行銷宗師師丹·米勒（Stanley Lloyd Miller），每天早晨不到五點鐘，就已經把當天的工作與行程順序排列完成，他訂定每天要拜訪的客戶順序，以及要達成的投保金額，如果今天因故沒有實行，就延後到明天繼續進行，如果明天又有更重要和更緊迫的個案，就再重新整理一次訪客順序，以此類推。

## ◎ 善用時間的十大技巧

**❶** 做好時程協調，任務依序分流，明確排定工作的優先次序，不讓重要性低的事項佔據了可貴的分秒。

**❷** 時間也會「邊際效用遞減」，因此在處理重要而耗時的事物中感到厭倦時，退而處理重要性居次的雜務，既可節省時間，又能轉換心情，避免因情緒影響專注度，空耗時間。

**❸** 浪費零碎時間，例如利用零碎時間處理雜務，延後用餐時間，以免大排長龍等。語文學習則可以利用較零散的時間背誦單字，或是算

數練習可用瑣碎時間計算答案。喪失了這層考量，就像用高額鈔票購買廉價禮品，最後損失的還是自己。

❹ 擬定確實的時間計畫，在該段時間開始前做好預先準備，但要注意避免不合適的安排，如運動後立刻安排自習等。

❺ 盡量減少不必要的娛樂，必要時設法減少娛樂時間，或善用娛樂之中的空檔，如在前往遊樂園的途中聽英文廣播。

❻ 充分運用上下班的通勤時間，例如，在車上聽音頻或思考問題。

❼ 今日事必定今日畢，絕對不要預支明天的時間，否則明日必然超貸後日的時間。形成一連串永遠無法償還的呆帳，延緩了目標與任務的完成週期。

❽ 利用等待別人的時間，做出最好的規劃：無論是個人約會或集體會議，都有許多未知變數，與其到時徒然等待，不如先為等待做好準備，例如攜帶白紙或筆電或企劃書，以繼續未完的文案發想等。

❾ 「工欲善其事，必先利其器。」有更快的方法，就不要堅持習慣的方法，電腦操作就有許多快捷祕技。例如Excel有下拉複製的功能，不需一筆一筆慢慢輸入。

❿ 隨時保持在最好的精神狀態，才能達到可觀效率，拉抬時間密度。如果在唸書時昏昏欲睡，等於用平時二分之一，甚至更慢的速度在閱讀，得不償失。

 這樣做最關鍵

別成為他人的「時間人質」，管理者在擁有權力的同時，也失去了一定的人身自由。每個人都可以隨時來找他，管理者的時間逐漸變成屬於別人的時間，這已成為一種規律，管理者一旦成為他人的「時間人質」，那麼，高效能人士就會失去自我，成為別人計畫的一部分。

時間針對任何人都是均等的，然而，利用時間有很大的彈性，在有限的時間內填充無限的事件，這就是時間的拉長效應。逆勢操作時間，是人人都非做不可的事，你得在人人都還沒辦法的時候去做。設法遠離「高峰時期」，當別人還沒有做某事時，你就去做，這樣可以節約許多排隊的時間。

## 6-6 將目標完美達成的意志力

### 🔑 鍛鍊「意志力」

事實上，推託是我們完成夢想的無形殺手，是我們的成功之路上最可怕的陋習之一。既然知道推託有這麼多壞處，那麼為什麼還有很多人都存在著不同程度的拖延症且很難改變呢？導致推託的原因究竟是什麼呢？我們到底該如何面對這些讓我們推託的藉口？

堅持與成功的高度關聯，早已毋須贅述。然而，「持之以恆」對大多數人難以落實，正是決定成功者鶴立雞群的關鍵。那麼，我們究竟可以如何鍛鍊持續力，降低目標阻力呢？

### 🔑「是沒有自信，還是太有自信？」

心理學家認為：「從心理層面分析，人們沒有處理能力的自信是導致推託行為的一個重要原因。」一些曾在工作上遭遇過重大失敗、沒有自信的人，通常越容易產生逃避心理，他們認為自己的能力不夠，不能很好地完成任務，於是越拖越久。而且，他們常會以疲勞、狀態不好、時間不夠等藉口推託做事進度。

心理學家透過研究得出，這類型的人其實很在意別人怎麼看待自己，當他們無法完成任務時，會更希望他人覺得是因為客觀事實，如時

間不夠、資源不足所造成的，而不是因為自己的能力不足。

此外，一些不夠積極上進的人，也很容易養成懶散推託的習慣。他們經常覺得很多事都很難處理，因此喜歡找各種理由推託，例如：別人不用做，為什麼我要做？即使心不甘情不願地答應了，也不願意立刻開工，而會拖拖拉拉，今天拖到明天，明天拖到後天。這樣的人，也是因為自控能力差，而加入了推託大軍，最終導致一輩子一事無成。

還有一些人，反而是對自己的能力太有自信，他們堅信自己在期限前一定能完成任務，因此做事時也不慌不忙、慢條斯理。總要到最後才發現，事情並不是自己想像得那麼簡單，於是才手忙腳亂地趕工，這種時候才會發現自己當初實在是太過自作聰明。

也就是說，任何一種原因導致的推託，都可能給工作或生活上帶來負面的影響，如果你做事總是拖拖拉拉。久而久之，就會變成「習慣性推託」，做什麼事都喜歡「以後再說」，喜歡先找藉口。

這樣的習慣，不但會使你越來越懶惰，時間久了還會使你的執行力越來越差，整個人也會變得反應緩慢，思考僵化。這必然會破壞一個人的思考力、創造力和競爭力，磨損你的上進心。

## 調整心態，避免推託

既然了解了導致推託的原因，那麼我們該如何擺脫這惱人的推託性格？人生在世，身不由己的情況時而有之，我們不一定擁有發展天賦的資本，也偶爾會因為環境的關係，強制自己以某個「並不那麼渴望」的目標為目標，例如衝業績、補救菜英文等等。

此時，就要轉換成另一種心態，讓自己從「必須」與「不得不」如

此，變成「很想」與「渴望」追求。以下提出幾種方法供讀者參考：

How to do ~ 怎麼做？

## ◉ 分析所處的怠惰環境

鍛鍊持續力的第一要務，就是克服怠惰，這無非是陳腔濫調，然而關鍵其實是要「找出阻礙持續的要素」。當我們決定實踐某個特定目標，往往會擬定完整計畫為目標鋪路，「堅持」與「怠惰」的拉扯，就在實行這些計畫的過程中上演，此時，就要分析產生怠惰的整體環境元素，以便撰寫攻略逐一攻破。

無論是工作上還是生活中，一定有一些事是我們「很不想去做」的，而不想做的理由可能是這些事很困難、很有挑戰性，或者是你根本不認同這些事，或者這些事對你來說微不足道。所以在追求快樂與逃避痛苦的人性驅使之下，我們常會選擇以逃避或推託，來降低當下的壓力。

記者訪問一位法國知名的政治家：「您是憑藉什麼使自己在政壇上獲得成功，同時還能承擔多項社會職務呢？」政治家回答：「我從不把今天能做的事拖到明天，僅此而已。」

由此可以看出，凡是強迫自己立即行動、負責任、絕不推託，即是訓練我們提升執行力的基本態度，也是一個成功者必備的條件。一旦知道事情的輕重緩急，就能正確做出抉擇與安排。

## ◉ 設立一個「最後期限」的觀念

英國的海軍歷史學家諾絲蔻特・帕金森（Cyril Northcote Parkinson）曾在其所著《帕金森定律》當中寫下這樣一句話：「工作總會不斷膨脹，

直到填滿所有可用的時間。」想一想，你是不是就是如此？

如果你有兩天的時間，可以從事某件工作，那麼你就會花兩天的時間來完成它。然而，如果你只有一個上午的時間來完成這個工作，就會更有效率地趕在中午前完成它。

所以，替自己設立一個「最後期限」的概念，嚴格規定自己目標完成的期限，可以有效幫助你遠離推託，強化執行力，你可以嘗試：

做出一些假想，假設你現在只剩一年的生命。將這樣的時間壓力，轉為激勵你行動的力量。如果一年對你來說還是不痛不癢，那麼就把時間縮短到半年，或者只剩一個月，讓自己緊張起來，因為每個人都無法得知自己的生命何時會結束。這樣的不確定感，會使我們深刻體會到時間的有限性，而讓自己設法提升效率完成事情。

生命相當短暫，因此我們必須隨時保持時間有限的心態，把握今天，珍惜當下，才能讓自己願意立刻去行動。

## ◉ 進行儀式：消除周遭干擾

我們做任何一項工作時，都會需要我們有高度集中精神的時候。例如，需要對複雜的數據進行統整、分析、或繪製圖表；撰寫一份十萬火急的行銷企劃；臨時被告知準備隔天的一場研討會等等，不論你要做的是什麼，要趕工的是什麼，這種情況都需要你靜下心來，不受干擾地將事情完成。

然而，我們可能很難有很長一段不被他人打擾的時間，再加上如果你有推託的習慣，執行力不強，那麼可想而知，在這些外在干擾之下，要能成功完成一項工作更是難上加難。

雖然我們無法完全消除外在的干擾，但是我們可以將周遭的干擾降

到最低，不讓自己的推託病有藉口找上門來。例如：工作時，如情況允許，你可以關掉Line、關掉音樂、手機關機，將一切能影響你工作效率的東西都關掉，讓自己全心全意地處理事務。如果條件上允許，有個人辦公室的你，工作時可以關上門；只有獨立座位的你，不妨戴上耳塞，如此既能減少周遭的噪音干擾，又能防止同事在你工作時打擾你。

如果同事或客戶因各種理由需要找你，而你剛好正在處理重要的工作，那麼不妨告訴他們：「我現在想先把這些工作做完，不急的話，半小時後我再來處理好嗎？」

如果工作時間有私人打電話打來，你可以在那之前就先將手機關機。如果擔心錯過重要的電話，那麼設定一個時間段，例如半小時或一小時後，再將手機開機確認。

### ◎ 養成並保持好習慣

人類本能的秘密幾乎都隱藏在習慣裡，想要突破天賦本能的限制，便需培養並保持良好的習慣，好習慣是成功之鑰，而壞習慣則引領你走向失敗之門。想要達成目標？實現夢想？至少先改正你的壞習慣吧！

知道年輕時菸癮極大的石油怪傑保羅・蓋蒂（Jean Paul Getty），是如何成功戒菸，成為億萬富豪嗎？沒錯，正是「意志力」，幫助他改掉不良的習慣，進而建立醞釀成功的好習慣。

### ◎ 善用身邊的監督力量

你是否發現身邊某些人做出某種重大的決定（如報名研究所、參與國家考試等等時，常常會採取秘密進行的低調作風？原因就在於，如果事先昭告天下，後來一旦發生變卦，就會覺得顏面盡失。這種「愛面子」

的人之常情，正可以成為持續力訓練的最佳養分。

　　隨時告訴身邊的人，你決定要做什麼，甚至聚集一群與你有共同目標的夥伴，藉由這種不需成本又牢靠的監督力量，讓你時時警惕自己要朝目標前進。

## 鍛鍊並節省意志力的使用

　　德國研究發現，自制力強的人抵抗欲望的時間比其他人少，由於這些人較少受困於誘惑與內心的掙扎，所以較不需要仰賴意志力。例如，他們盡力做好人生規劃，以避免身陷困境；不去吃到飽的餐廳，以避免飲食失控。

　　不論你的意志力多強，如果你不斷用它來撐過一次又一次的危機，那麼他終究會耗盡，你可以把誘惑降到最低，並建立不需要意志力對抗的習慣。如此就可以節省意志力「耗竭」，甚至你可以將意志力「外包」給其他人，例如找朋友一起減肥，以節省意志力的消耗。利用外界壓力來達成共同的目的，而節省下的意志力，則可以用來應對其他意外的挑戰。

《BBC Knowledge》雜誌提供了一些鍛鍊意志力的方法：

★ **簡單的自我控制運動：**例如坐的挺直，不彎腰駝背，用自己不常用的那一隻手刷牙，也就是「改變習以為常的行為」。

★ **冥想或者禱告：**科學家發現，當人在冥想或禱告時，有兩個「與自我規範有關係的腦區」的活動會特別強烈，這也是為什麼篤信宗教者（每天禱告或者每年特定月份禁食）通常自我控制力較強。

## ⊘ 提升行動力的五大要訣

★ **默誦目標**：每天起床時和臨睡前，至少各看一次你的「目標清單」或「夢想看板」，隨時記住這些目標，如果你想要快速成功，最好每天看數次以上。例如不要勉強自己去補習班填鴨式地惡補英文，找一齣好看的美國影集和劇本，邊聽劇中角色的台詞邊鍛鍊聽力，這種自發性地持續練習，一定能比強制性的持續更能持之以恆。

★ **全方位學習**：透過全方位的學習，可以獲知更多有效的行動方法，經由參加更多的培訓課程（例如EMBA、社區大學、成功學講座等），閱讀更多有益的書刊，不斷地學習充實自我，建立百分之百的行動優勢。

★ **組織智囊團**：小成功靠自己，大成功靠團體。如果想要快速成功，你一定要組織一個「智囊團」，借重他們的人脈、經驗、學識、天分、影響力，甚至是財力，並且藉著同儕間的相互砥礪，改變自身的惰性，更加勇往直前。例如，很多人報考EMBA之目的即在於廣交朋友，尋覓並擴增其「智囊團」成員。

★ **圖像化**：用圖像或簡單生動的文字，描繪目標達成後可能會有的獎勵與景象。例如，連夜趕稿獲得文學獎首獎，站在臺上發表得獎感言的光榮，用這種方法，強化自己對結果的渴望，進而增加昂首向前行動的動力。

★ **行動**：行動並不保證成功的必然，但絕對是通往成功的必經之路。那些掛著科學家、企業家、院士、教授與眾多學經歷光環的成功人士，無一不是在揮汗如雨的實驗室、研究室或工作臺前潛伏。思而不學則殆，但思而不行則罔，不要給自己拖延的藉口，用立即行動，逼自己朝勝利前進吧！

**這樣做最關鍵**

　　轉換思考方式，當你又想找藉口推託時，可以把「我好累，明天再做吧！」改成「我好累，所以今天我要把工作做到一個段落之後，明天再繼續。這樣明天就不會這麼累！」或者「我好累，所以我要趕快結束它，然後休息！」這樣就能順勢利用所謂的「藉口」製造出想趕快行動的衝勁。

　　當我們最終能夠在規定的時間內，完成目標時，給自己一定的鼓勵，好好的肯定自己，讓自己更有信心去處理日後無數個小目標。

# 遇見完美幸福的自己

# 7-1 到底該學NLP？還是該學NAC？

## 🔑 NLP與NAC有何不同

常有人會問：NLP與NAC有何不同？如果要學，該學哪一個？

### ✅ NLP是神經語言程式學

透過視聽、聽覺、嗅覺、味覺、觸覺五感，輸入程式，透過NLP的技巧，有效的更改、刪除、搬運他人大腦這些系統的拼湊，達到消除恐懼、改掉壞習慣、讓人與人之間的溝通更加順利的目的，NLP運用在業務、溝通、成交、夫妻關係、親子關係、改善負面情緒、消除恐懼、改掉壞習慣等方面，可運用的範圍非常廣泛。

### ✅ NAC是神經鏈調整術

透過六個步驟，改變神經鏈的連結，打斷錯誤的連結，或是加深加粗你的神經鏈，藉著逃避痛苦和追求快樂，來調整神經系統，不必用意志力硬撐，就能改造自己的人生。因此，當我們能夠控制神經鏈，就能夠掌握自己的人生。

NAC是由安東尼‧羅賓（Anthony Robbins）上了NLP課程之後，發展出來的技術。

其實所謂的「神經鏈」，就是NLP裡的「心錨」，所以NAC可以看成是一種解除「不好的心錨」，重建「好的心錨」的方法。

NAC運用痛苦與快樂的力量，將人引導到改變的臨界點，並引發正確且正面的行為。這套心理程式能快速有效地解決非常多的問題。

NLP博大精深，包含了非常廣泛的內容，可以有效地調整潛意識，改變內心世界。

而NAC非常棒的效果是：消除負面情緒，改掉壞習慣。

如果你問我，哪一個比較好？要學哪一個？

我會跟你說：「兩個都非常棒，最好能兩個都學，因為這樣你能在交互運用的過程中，更加融會貫通這兩大技巧！」

## ◉ NAC六大步驟

以下簡單介紹NAC的六大步驟：

### ▶ 步驟一：診斷

你要的結果是什麼？

是什麼阻礙了你，讓你得不到想要的結果？

（此步驟是調整焦點，因為一般人的焦點都放在自己「不要」的事物上，不知道自己「想要」的是什麼。）

比如：

寫下到今年年底，你最想要得到的結果。

舉例：我希望在年底之前瘦到60公斤以下。

寫出是什麼阻礙，讓你達不到你的目標？

舉例：面對美食無法拒絕、沒時間運動。

## ▶ 步驟二：找出改變的槓桿

此步驟要加大你改變的快樂，同時也加大你不改變的痛苦，以達到改變的臨界點。NAC講改變是可以馬上做到的，而這個「馬上」依靠的是能借力的槓桿。

找出改變的槓桿，「給我一個槓桿，我就能撐起整個地球！」用小的支點去撬動，讓自己達到一個積極狀態：「現在我一定要改變，不是我想要，而是我一定要！」達到「現在就要」的決心狀態。達到痛苦的臨界點是什麼？「我受夠了！」所以一定找到要改變的理由，並對自己的承諾負責。

理由比方法重要，意願比方法重要，沒有意願，給你一百個方法也沒有用。

為了什麼，你一定要改變（再不改變就會很痛苦，為了父母、為了兒女……，找出痛苦點）？

理由越充分，意願越強烈，行動就會越明確。可以利用追求快樂及逃離痛苦兩種方法，快樂越多，意願就越強。

逃離痛苦，你可以思考不改變的後果是什麼？不改變會付出什麼代價？三年後會如何，五年後會如何？家庭、工作、金錢會付出什麼代價？有什麼損失？有什麼影響？……，不斷強化改變的著力點。

找出改變的槓桿，寫下50個改變的理由。

再寫下一定要改變的20個原因。

改變的話會如何？會有什麼好處？不改變的話又會如何？會有什麼壞處？

## 改變能得到哪 10 大好處 ?

舉例 :

我瘦到 60 公斤以下,會有哪 10 大好處 ?

1. 能夠更健康。

2. 自己會更有自信。

3. 讓別人更喜歡我。

4. 我會很喜歡鏡子裡的自己。

5. 走路或爬山比較不會喘。

6. 我可以享受更健康的身體。

7. 我會很享受別人欣賞的目光。

8. 我會得到前所未有的成就感。

9. 我會開始想把自己打扮得美美的。

10. 我可以用很輕盈的身體走路及運動。

## 為什麼你一定要改變的五大理由 ?

為什麼,我要瘦到 60 公斤以下的五大理由 ?

1. 為了家人。

2. 為了事業。

3. 為了健康。

4. 為了人際。

5. 為了幸福。

我願意為我的減重負責。

如果明年三月之前,沒有減到 60 公斤以下,我就席開兩桌,請我的好朋友們吃飯。

(以上就是自我負責的舉例。)

## ▶ 步驟三：打斷負面慣性

有些人生活中充斥著負面的慣性行為，或許是因為習慣了，所以他們自己也不覺得需要改變，但事實上這些慣性需要馬上停止，因為人們往往到受不了的時候才想要改變，但通常都為時已晚了。

★ **思考慣性**：這樣的人做事情，常常都會想到曾經失敗的畫面，甚至告訴自己，我辦不到，我做不好，我沒有辦法。

★ **語言慣性**：這樣的人，愛批評人、愛說髒話、愛說別人八卦，甚至有些人進入這個模式時是沒有自覺的。

★ **肢體慣性**：這樣的人習慣垂頭喪氣，外表給人很沒自信的感覺。

以上這些慣性會讓我們的生活越來越負面，所以要打斷這些負面的慣性。

以下有幾個打斷慣性的做法：

★ 如果你在想一些負面的東西，就馬上拍桌子，大聲喊出「停」或是大喊「YES」，讓自己擺脫那些負面的慣性！

★ 做一些讓人感到愉快的動作，整個人跳起來、跳個舞或唱個歌，來打破這樣的慣性，突如其來地打斷慣性，可以立即進入另外一個愉快的世界。

改變一些語言，也能打斷所有負面的慣性：

我遇到難題→要說「我遇到挑戰，一切都是最好的安排」。

我遭遇失敗→改說「我又上了一課，離成功又更進一步了」。

我現在狀況不佳→改說「雖然現在不夠完美，但代表未來可以更好」。

## ▶ 步驟四：建立新模式替代舊模式

有一次同學會，小張見到很久不見的小林，熱情地跑去拍他的肩

膀、和他打招呼，但小林卻開始哭了起來。後來大家才知道，原來幾年前小林的父親去世。喪禮時，很多人拍他肩膀安慰他，因為他當時很悲傷。所以後來只要有人拍他肩膀，他就會連結到悲傷的情緒，就會忍不住落淚。

這時，我們可以請小林先想一件快樂的事情，再請別人拍他的肩膀，這樣的動作多做幾次，把連結悲傷的事，變成連結快樂的事情。只要把這個新模式替代掉舊模式。未來，有人再拍小林肩膀時，就會變成擁有快樂的感覺。

這就是新模式替代舊模式的精髓所在！

再舉幾個例子：

你可以在開心時，拿起書開始閱讀，然後重複做這個動作！未來你只要把書帶在身上隨時可讀，就會覺得很開心。重複去連結這些行為，斷開不好的神經鏈，建立好的神經鏈。

一個人生病時，很多人去看他，他覺得大家對他很好就會不想出院。所以你要給他新的連結，告訴他等你病好了，我會帶你去你想去的地方，這樣他就會想出院了。

把「想要」的東西放在潛意識連結裡面，建立新行為，讓自己看到、聽到、感覺到，你要相信你已經擁有最好的，要滿心歡喜的接受，例如賺錢是快樂的……。

如果你連結賺錢是痛苦的，你就會賺不到錢，要去除「不要的」，連結「要的」，你要告訴自己，你要連結的這件事＝快樂，要快樂的完成任務，這樣就會讓你更容易完成每一項任務。

▶ **步驟五：不斷調整新行為使之成為習慣**

要想加強調整新行為的有效性，我們還得經過一個「強化」新行為

的過程。給自己訂定幾個目標，每當你達成一個小目標，就馬上給自己一點鼓勵。當你一天沒抽菸，就給自己一個獎勵；當體重下降一公斤，就給自己一個小小的獎勵，別等體重下降三公斤後才給自己獎勵。當你給了自己一些鼓勵或獎勵，你的神經系統便會把改變跟快樂連在一起。所以只要你開始了改變，就算只有一點點，就可以馬上給自己獎勵，讚美、禮物都可以。

除了正面強化以外，我們還可以採取反面強化的方式，即當我們見到不希望的行為發生時，就懲罰自己一番，用橡皮筋彈一下自己、打一下自己的手背、皺個眉、心裡罵一下自己。

不要以為舊習慣一次就能消除，你必須加強你的新習慣，直到舊習慣完全去除。因為你的舊行為神經鏈很粗壯，如果沒有根除，隨時都會再連結回來。

就像鋼琴調音一樣，調回正確音後，還是會再跑調。

健身選手要每天持續不斷練習，否則會退步。

手機今天充電，明天也要充電。

任何好習慣只要不持續加強，都會消失不見。

### ▶ 步驟六：檢測是否有效（有效果比有道理更重要）

最後我們所要做的，便是驗證上述步驟的效果。你可以想像自己正處於先前令你困擾的舊習慣中，然後以新的行為取代，看看那些舊習慣是否仍然對你有吸引力，重複那些舊習慣的時候是否還是感覺快樂？如果答案為「是」的話，那你必須重新再做前面那五個步驟；如果答案為「否」的話，那就看看新的行為是否讓你覺得快樂，如果是快樂的，就要再讓他變成一種好習慣，只要擁有快樂＋習慣的感覺，那麼恭喜你，整個NAC六步驟就完成了，你將擁有嶄新的美好新人生！

# 7-2 NLP補充說明

## NLP用在行銷的案例

有一個旅遊團在遊覽車上，導遊講了一段話：「等一下下車參觀工廠，大家千萬不要買媽媽牌鳳梨酥，因為上一團有人買回去之後，被家人罵，罵什麼你們知道嗎？這麼好吃的東西，你怎麼買這麼少？所以你們等一下下車，切記千萬不要買啊，不然買太少真的會被親戚朋友罵呢！除非你們真的很想要吃，不然千萬不要買喔！」

後來下車之後，100%的人都買了媽媽牌鳳梨酥，原因是：他們都很想知道，這個鳳梨酥到底有多好吃。

這就是NLP的效用，所以用對NLP方法，就可以讓你的銷售成績獲得顯著的提升！

## NLP幫助人們走向正向的案例

有一次我去看牙醫，牙醫一邊看診，一邊碎唸牙醫助理：「東西應該是要這樣擺放才對。還有，東西用完要放回原來的地方，你這個手柄要這樣握，你這個吸口水的動作也不對，應該要再深一點才對……。」

如果這個助理是我的朋友，在還沒學習NLP之前，我會跟他說：「哇，這個醫生怎麼這樣對你說話，他這樣對你太苛刻了，我建議你換

一個工作好了,你值得更好的地方。」

這樣說完之後,他可能會覺得這個醫生真的很過分,甚至開始不想學習、不想工作,開始每天都很痛苦,然後可能因為他常常擺臉色給醫生看,所以醫生對他的態度一樣不會改變,甚至變得更糟。

在我學了NLP之後,我會變成跟他說:「哇,這個醫生對你好好喔,他願意這樣手把手帶著你做,還會告訴你怎樣做才是正確的,你跟在他身邊,一定可以學到非常多呢!」

這樣說完之後,他會開始思考,這個醫生真的對他很好,他應該在他的身邊好好學習。當醫生指導他時,他會開始虛心學習,改變自己,並且每天都工作得很開心。如果他開始改變他的做法,因為他的成長、他的改變,我相信醫生也會開始改變對他的態度。

所以,只要運用NLP正向思考法,就能幫助自己和身邊的朋友,正面以對所有事情。當你用正面思維去看待所有事情,所有的人、事、物都會因此變得更美好呢!反之,如果你用負面思維去看待事情,這些事情就會變得更糟糕。

## 🔎 兩棵植物實驗的案例

以下的故事,我相信很多人都看過或聽過,是「兩棵植物的實驗」!

在這項實驗中,邀請兩組人錄製,他們分別錄下讚美和咒罵兩棵植物的聲音,不斷地播放給這兩棵植物聽,看看30天後,兩棵植物是否會有所差異。

讚美植物說:「我喜歡你這個樣子。」、「你使這個世界有所不同。」、「你是最棒的!」、「你好美喔!」

咒罵植物則說:「你看起來很差!」、「你還活著嗎?」、「你好

醜喔！」

除了咒罵與讚美的差別之外，這兩棵植物的培育條件都相同：都被放在校園裡、被灌溉同樣分量的水、接受相同的陽光照射量與施肥。

經過一個月之後，這兩棵植物的外觀有明顯不同。受到讚美的植物生長得很好，綠意盎然；而受到咒罵的植物已有枯萎的情況，其葉片不但下垂，而且局部呈現枯黃，甚至感覺快要死掉了。

一樣的道理也可以套用到人身上，如果你常對你的小孩說一些不好聽的話，比如：你長得不好看、你太矮了、你好胖、你的功課好爛、你怎麼這麼笨、你真的是我親生的嗎？……這些負面的話語，就會產生不好的結果。

以上這些不好的話，都會在小孩的心中產生陰影，甚至會讓他感到自卑，認為自己就真的這麼差勁，這些都會讓小孩產生限制的信念，認為自己就是「辦不到」、「做不好」。長大後，要花很多時間才能回到正軌，有些人可能一輩子都活在陰影中，甚至有可能因此患上憂鬱症。

所以NLP可能帶人前往好的地方或壞的地方，端看你怎麼做！

有緣看到這本書的讀者們，希望你們從今天起，多說好話，不要說傷害人的話。說者無意，聽者有心，可能因為你的一句話，造成他人難過的情緒！所以有些話要講之前，請先思考一下，以免為別人帶來傷害！

## 7-3 擁有正能量，讓你變得更強大

### 你相信什麼，你的世界就是什麼！

吸引力法則，你生命中的一切都是你所吸引來的，你的金錢關係、你的事業、你的合作夥伴，還有你的兩性關係。

但為什麼有些人也知道吸引力法則，卻沒有得到他們想要的一切？

那是因為，他們想著「不要」的事情，比他想著「想要」的還要多、還要認真。

當你想著「不要」生病、「不要」生病。由於吸引力法則宇宙，分不清楚什麼是「要」或「不要」，所以你就會吸引來生病。你應該把它改成：我要身體健康！

當你想著「不要」遲到、「不要」遲到，你就非常可能會遲到！你應該把它改成：我會準時到達目的地！

當你想著我「不要」被開除，你就非常有可能被開除！你應該把它改成：我要公司的工作穩定有保障！

所以在未來，你要思考的是「健康」，你要思考的是「準時」，你要思考的是「幸福美滿」，你就會吸引到正向的能量和結果！

如果你問對方，你為何不跟我買，客戶就會開始想，他不買的原因，他就會聚焦在不買的理由上思考！

　　所以，我們應該改問：如果你跟我買，會是因為什麼原因？

　　他就會開始想：跟你買東西！

　　如果你問對方，你為何不加入我的團隊，他就會開始想，不加入你的團隊的原因，他就會聚焦在不加入團隊的點！

　　所以，我們應該改問：你想加入怎麼樣的團隊？

　　他就會開始想：加入你的團隊！

　　如果你問對方，你為何不往下一步走，他就會開始想，不往下一步走的原因，他就會聚焦在不往前進的原因！

　　所以，我們應該改問：我們下一步的計畫是？

　　他就會開始想：下一步的計畫該如何進行！

## 🔑 你渴望的未來已經在等你了！

　　吸引力法則有一個重點，就是：你要相信你所渴望的美好未來，它已經在那裡等你了。而當你不斷地想著你想要的一切，它就會更容易來到你的生命之中。

　　要問對問題！要問你想要的，而不是問你不想要的。

　　舉例：

　　為什麼我還沒有成功？改成：我可以成功的原因有哪些？

　　為什麼大家不喜歡我？改成：大家為什麼會喜歡我？

　　為什麼我這麼不快樂？改成：我能變快樂的方法是什麼？

　　問題是正面的，你得到的答案就會是正面的！

　　人們常常會被自己的「限制性信念」所困住，比如說：我做不到、我長得不好看、我只有高中畢業的學歷、我的能力有限、我的身高不夠

高、我沒辦法在短時間內做到這件事、我不值得擁有、我不相信我自己、我沒有錢所以無法創業等等。我們之所以會有這些想法，大部分是對自己沒有自信，甚至是「自卑」，也有可能是因為原生家庭，或是小時候曾發生過什麼特別的事件所導致。我們要找出真正的原因，並把這些「限制性信念」徹底移除，才能得到正面且快樂的人生。

要多看、多聽正面能量的話語，並想著未來美好的所有事物，貴人、好運都會被你吸引而來！

正在看這本書的讀者們，我相信你們都有潛力成為下一個億萬富翁，為什麼呢？

因為你們的思考模式有如億萬富翁，你們的時間管理有如億萬富翁，你的情緒管理有如億萬富翁，你的所作所為，讓你的競爭對手全部跌破眼鏡，因為你的思維已經是一個億萬富翁。

你從出生的那一刻起，就已經準備好了。你體內的能量本來就具備可以完成這個地球上任何一件事情的資源。

# 🔑 NLP 的好處

NLP 真的能幫助我們達成更好的人生，在這個章節，我再來總結一次 NLP 的好處。

★ 提升我們的自我價值。

★ 發現自己無限的潛能。

★ 停止吸引你不要的事物。

★ 讓自己更有自信做任何事情。

★ 提升我們的說服力和影響力。

★ 讓你設定的目標更容易達成！

★ 幫助我們建立良好的人際關係。

★ 去除負面思維，邁向正向人生！

★ 更容易說服他人而不讓人察覺！

★ 讓自己擁有理想工作、志趣或是職業。

★ 更了解自己，更明白自己的動力來源。

★ 使我們的人生更幸福快樂、更精彩、更豐盛！

★ NLP能夠幫助你輕鬆地與別人交談，成為社交高手！

★ 讓自己擁有更多選擇、更多角度的視野，使我們更卓越、更睿智。

　　除了以上這些，還有非常多好處，如果有些部分你還沒有感受到，建議你再把本書看過一遍，有些學習不是一次就能到位的，當你多看幾次後，每次都有機會在不同的領域有不同的收穫！希望這本書能讓你對NLP有更進一步的了解，並能夠真正地運用在日常生活中，讓你的人生更加的幸福、富足、豐盛。

# 7-4 活出精彩人生，實現美好生活

## 我為何要寫這本書？

大家還記得，我在第一章節時，賣了一個小關子，說最後才要告訴大家，我為何要寫這本NLP的書嗎？現在，就讓我來解答吧！

人的一生當中，是很難一路平順、時時順心的。我和大部分的人一樣，也會有情緒，也會遇到挫折，也常常想要找解決方式。

當我心情不好時，我會用以下方式來讓自己脫離負面的情緒：睡覺、看電視、看電影、運動、看書、逛街、睡覺、大吃一頓、買東西、找朋友訴苦……。

我想，應該很多人也會用以上這些方法對吧？

但我發現用以上的方法，只能讓我暫時逃離現場，讓自己暫時遠離負面的情緒，但一切都只是暫時的，當下次再遇到類似的狀況，不開心的情緒還是會出現。

和幾個好朋友討論過這樣的問題後，很多人建議我去學身心靈相關的課程，但我總給自己很多藉口：我太忙了、我又沒有這方面的資質、我不一定學得會……。

我當然也有嘗試去接觸這方面的資訊，但總是學了一點皮毛後，又回到了原點！

# NLP解決了我的問題

一直到這次，王天晴博士願意幫我圓夢「出書」，讓我花時間更深入地探究了NLP的相關知識，我發現我終於找到我想要的解決方法了！

★ 我用「心錨」聽覺法，找到會讓自己快樂的音樂，連結起這個快樂的心錨，我就克服了90%的負面情緒！

★ 我用「心錨」聽覺法，找到會讓自己情緒高昂的音樂，連結起這個讓人鼓起勇氣的心錨，我就克服了90%的上台緊張情緒！

★ 我用「卓越圈」，讓自己更清楚夢想藍圖，讓自己帶著不害怕與期待的心情走向未來！

★ 我用「貼標籤法」，讓朋友更喜歡我，讓我的人際關係變得更好更融洽！

光是以上這幾點，就足以讓我對NLP讚嘆不已。

在更深入研究NLP後，我發現它真的太強大了！

漸漸地，我發現我現在會把很多事情都跟NLP連結在一起，而且心中的想法也都變得非常正面。因為這樣，讓我越來越快樂，負面情緒也離我越來越遠了！

因為NLP對我的幫助真的很大，所以我決定將它寫成書，希望能將這麼棒的資訊，分享給身邊更多的有緣人！

後記

## 費曼式學習法

感謝王博士與我分享的：「費曼式學習法」，因為博士分享的這個方法，讓我更有動力把這本書寫完！

▶ **步驟一：先選擇一個想學習的方向**

找出你想要學習的東西，任何領域都適用，像我就是想開始認真鑽研NLP，這部分可以自我學習，也可以找專家學習。如果要快速學習，最快的方式就是找成功者、專家學習，也就是報名學習課程。

▶ **步驟二：發現不能理解的地方**

在第一步驟中，你不可避免地會卡在一些問題上。這時你可以自己上網找答案，也可以問身邊專家，或者直接報名參加課程，把你的問題直接問老師。

▶ **步驟三：重新學習**

當你找到問題的答案之後，回到原教材中重新學習。不管是書本或是網路資源，重新學習，直到你可以用簡單的話來解釋整個概念。

▶ **步驟四：簡化**

當你完成步驟一到步驟三，請從頭開始重複這整個過程。但這一次要簡化你的說法，或使用圖形的方式解說。如果你仍舊無法解釋得很清楚，那代表你對它的了解可能還不夠透徹，要繼續重複地修正。

以下用我的方式說明：

找到想要學習的方向→找問題，找資料，找答案→再重新學習→

把它簡化→說或教別人（可以整理出自己的理解內容）→讓自己更厲害，甚至成為該領域的專家。

**學習最快的方法：**學會之後，整理成自己的內容，並教導別人，確認自己有沒有融會貫通。如果你能夠順利地教導別人，代表你也學會了！

## 天晴式學習法

另外，還有一個很棒的「天晴式學習法」：

選定一個你想要學習的主題，然後認真的研究＋內化，最後出一本相關的書籍。

使用「費曼式學習法」＋「天晴式學習法」，成為講師＋出一本書，就能在一個領域從「理解」到「精通」，成為專家，幫助更多人！

我現在就是在走這條路，花了三個月的時間自我學習，也完成了第一次在「中和魔法講盟」的NLP授課經驗。

在此再次感謝王天晴博士給我備課與授課的經驗，讓我開授了兩場課程，協助二十七位同學更認識NLP，並協助他們當場做NLP「設定夢想」、「卓越圈」與「心錨」的演練！

因為必須讓自己持續精進，我也在「創富夢工場」上了NAC神經鍊調整術的兩天課程，並報名了進階訓練課程！

同時，我還報名了另一個教育機構所開授的NAC三天課程！

最後，我也完成了這本NLP書籍的撰寫！

期許將我所學到的、我所感悟到的NLP精華，分享給更多有緣人。未來我還會繼續開授NLP的課程，包含實體跟線下課程，讓我們一起「運用NLP，活出精彩人生，實現美好生活！」

# 一定！確定！肯定！
# 史上最大風口！恐龍也能起飛！
# 無所不知！無處不在！無所不能！

## 🔑 AI來了！你是掌控者還是被淘汰者？

想像一個場景：清晨醒來，你的工作已經被AI完成，當你還在熟睡時，AI正在不間斷地學習與進化。而你呢？卻還在逃避AI的浪潮，還在幻想「這與我無關」。

還記得1984年上映的科幻經典電影《魔鬼終結者》嗎？電影中描繪了2029年，人工智慧超級電腦Skynet覺醒並試圖消滅人類的驚悚場景。當時的人們或許認為這只是好萊塢的異想天開，但誰能想到，機器人統治世界，人類淪為奴隸，將會是我們未來可能會面對的現實！AI已經悄然進入我們的生活，從醫療診斷到自動駕駛，從金融分析到內容創作，AI無處不在。你，或你的下一代，是否已經意識到，自己可能正站在被AI取代的懸崖邊緣？

2022年11月，ChatGPT的異軍突起，徹底改變了人類世界。這款由OpenAI開發的人工智慧語言模型，在發布後短短五天就吸引了超過100萬用戶註冊。它的出現，讓AI在語言生成、編程、解決各種問題等多領域展現了極為強大的能力，並掀起全球AI熱潮。這個時刻，也被許多專家視為「AI奇點」的開端，標誌著人類社會即將迎來前所未有的巨變。

繼 ChatGPT 之後，各大科技巨頭紛紛加入 AI 競賽。微軟投資百億美元深化與 OpenAI 的合作，Google 推出 Bard（後更名為 Gemini），百度發布文心一言等，AI 技術的發展速度遠超以往，彷彿一夜之間，整個世界都籠罩在 AI 的陰影之下。

# ★ AI 大事記 ★

| 年份 | 事件 | 說明 |
|---|---|---|
| 1950 | AI 的誕生 | 艾倫・圖靈（Alan Turing）發表〈計算機與人工智慧〉提出「圖靈測試」，成為 AI 領域的奠基之作。 |
| 1956 | 人工智慧（AI）正式命名 | 在達特茅斯會議中，John McCarthy 等人首次提出「人工智慧」這一術語。 |
| 1986 | 反向傳播算法（Backpropagation） | David Rumelhart 等人提出反向傳播算法，為神經網絡發展奠定基礎。 |
| 1997 | 深藍（Deep Blue）擊敗國際象棋冠軍 | IBM 的深藍超級電腦擊敗國際象棋世界冠軍 Garry Kasparov，展示 AI 在專業領域的計算能力。 |
| 2012 | 深度學習革命（AlexNet） | AlexNet 使用深度卷積類神經網路（CNN）在圖像識別比賽中取得突破性成果，開啟深度學習應用的黃金時代。 |
| 2016 | AlphaGo 擊敗李世乭 | DeepMind 的 AlphaGo 在圍棋比賽中擊敗世界冠軍李世乭。 |
| 2017 | Transformer 模型誕生 | Google 提出 Transformer 架構，成為自然語言處理（NLP）的基石，後續 GPT、BERT 等模型基於此開發。 |
| 2018 | GPT-1 發表 | OpenAI 公布 GPT-1，開啟了大型語言模型的新時代。 |
| 2020 | GPT-3 發布 | OpenAI 推出 GPT-3，能夠生成高品質的文本和代碼。 |
| 2022 | ChatGPT 引爆全球 AI 熱潮 | ChatGPT 用戶數量迅速突破 1 億，成為史上成長最快應用程式。 |

| 2023 | GPT-4和多模態AI技術發展 | OpenAI推出GPT-4，支持多模態輸入（文本、圖像、影音），AI技術進一步向通用型人工智慧（AGI）邁進。 |
|---|---|---|
| 2024 | AI個人助理發展 | AI個人助理成為主流，AI生成藝術和音樂廣泛應用於創意產業。 |
| 2025 | 通用型人工智慧（AGI）雛形問世 | • AI取代大量傳統工作，同時創造了大量新職業，如AI標註師、AI倫理顧問等。<br>• 開發出初步具備通用型人工智慧能力的系統，能夠在多領域任務中展現接近人類的學習和推理能力。 |
| 2026 | AI驅動的自動化社會進入新階段 | • 大規模自動化系統取代多數重複性工作，AI在教育、創意產業和政府治理中開始發揮核心作用。<br>• AI與量子計算結合，解決傳統計算無法處理的複雜問題。 |
| 2027 | AI代理大爆發 | • 絕大多數使用生成式AI的企業推出AI代理（AI Agent）專案。<br>• AGI趨於完備。 |

## AI正在重塑每一個行業的運作方式

　　根據世界經濟論壇發布的報告指出，2025年底，全球有超過8,500萬個工作崗位被AI取代。這意味著未來平均每三個人中，就有一個人會失去現有的工作。更令人震驚的是，報告指出，現有43%的技能將在未來五年內過時。這絕不是危言聳聽，讓我們看看已經發生的真實案例：

　　近年來，高盛證券積極推動技術創新，引入AI和機器學習的自動交易系統，利用數據和算法優化交易流程，大幅降低人力需求。AI系統能24小時運作，並在毫秒內完成交易，準確率遠超人類交易員。被裁員的交易員中，有許多人年薪超過百萬美元，在AI面前，他們的專業技能瞬間變得一文不值。

　　倫敦最大律師事務所之一的安理國際律師事務所在 2023 年導入 Harvey AI 助手系統，三個多月處理了四萬多個問題。它能在幾秒鐘內完成文件審查、合約撰寫等工作，而這些工作原本需要初級律師花費整整數天的時間。更重要的是，AI 的錯誤率低於 1%，遠優於人類律師。

　　美聯社、路透社早已採用人工智慧技術，處理大量商業數據，撰寫財經新聞，微軟公司使用自動化編輯首頁新聞，裁撤許多網頁新聞編輯。許多資深財經記者不得不承認，在基礎新聞寫作方面，他們已經完全無法與 AI 競爭。

　　如今，AI 不僅能下棋，還能寫文章、編程、設計，甚至作曲、製作動畫影片等。它可以在幾秒鐘內分析完一本書的內容，並生成一篇高質量的書評，而這在過去需要人類編輯花費數小時甚至數天才能完成。AI 的應用範圍已經涵蓋了幾乎所有的行業。更驚人的是，AI 的「無限學習能力」讓它每一次運算都變得更聰明、更高效。今天的 AI 已經比昨天更強大，而明天的 AI 又將超越今天。這種指數級的進化速度，讓人類望塵莫及。

　　根據麥肯錫的報告，到 2030 年，AI 將為全球經濟帶來超過 15 萬億美元的附加價值，占全球 GDP 的 3.5%。但這筆財富是極度不均衡地分配──懂得運用 AI 的人獲得前所未有的財富成長機會，而拒絕擁抱 AI 的人則永遠被時代拋棄。AI 使得馬太效應的兩極化以指數型式不斷加速擴大！

　　在這場前所未有的變革中，人類社會正在經歷一場殘酷的分化。未來的世界只會有兩種人：一種是懂 AI、用 AI 的人，另一種是不知道 AI，也不會使用 AI 的人。擅用 AI 的人將享受收入倍增、工作效率提升、擁有更多創意空間；而排斥 AI 或不知道 AI 的人則將面臨收入下降、失業風險與技能過時的威脅，最後被 AI 取代。這不是選擇題，而是一場所有人都不得不參與的生存遊戲。

## 傳統出版業的逆襲：從紙本出版到AI服務

在AI浪潮席捲全球的時代，傳統產業紛紛面臨生死存亡的轉型挑戰。然而，就在眾人以為出版業將成為歷史的塵埃時，兩岸知名的出版巨頭——華文網出版集團，卻在2025年上演了一場驚天逆襲！華文網不僅成功從紙本出版轉進為AI知識服務，更成為引領行業變革的領導品牌，開創了出版業的全新格局。

這場轉型的成功，始於華文網敏銳地捕捉到AI時代的巨大商機。在董事長Jacky Wang的帶領下，華文網率先在業界導入全方位的AI系統，從寫稿、潤稿到校對、設計、行銷，全面實現智慧化升級。AI+與+AI的結合，讓內容產出速度提升了八倍，製作成本更大幅降低了60%！

- AI+創作：利用AI工具生成內容，輔助創作過程，大幅縮短寫作時間，提升內容產出效率。過去需要數月才能完成的書稿和各種內容（Contents），現在只需幾天甚至幾分鐘！
- 編輯+AI：AI輔助翻譯、校對、潤稿與核稿，確保內容精確無誤，減少人為疏漏。無論是錯別字、語法錯誤還是邏輯漏洞，AI都能迅速識別並提出修改建議。
- AI+設計：AI生成封面設計與排版，大幅節省製作成本。AI能根據書籍主題自動生成符合風格的設計方案，讓每一本書都獨具特色。
- 市場分析與預測：AI分析讀者需求，幫助出版團隊制定更精準的行銷策略。通過資料的深度分析，AI能預測哪些主題或內容更具市場潛力。

現今華文網旗下各出版社、雜誌社的人力配置堪稱「精簡中的精簡」，但戰力卻是史上最強！每位社長與主編均擁有十數位「超級助理」，這些超級助理就是AI！他們不僅能高效作業，而且還不需支付薪水。正是這支AI大軍，讓華文網在出版業轉進知識服務的戰場上所向披靡，獨領風騷！

## 人與AI的完美結合

華文網並未因追求效率而犧牲品質，藉由巧妙運用AI工具，強化編輯與作者之間的創意激盪，打造出更多優質內容。華文網深知，AI再強大，也無法取代人類的情感溫度與創造力。編輯們的共情能力，在與作者或採訪者的互動中扮演著關鍵角色，往往能激發出意想不到的創意火花。正是這種「人機協作」的完美結合，讓華文網在競爭激烈的市場中脫穎而出，成為行業標竿。

## AI立體3D學習

華文網不僅是最早出版繁體中文區塊鏈書籍的出版集團，接續推出的《區塊鏈創業》、《區塊鏈與元宇宙》、《NFT造富之鑰》、《AI：改變未來的驅力》、《Web4.0商機大解密》、《內捲漩渦、量子糾纏、NFT&NFR》等多本暢銷好書，幫助讀者了解最新的技術趨勢與應用場景。

2025年，華文網與成功學大師陳安之合作推出《AI成功學》，在兩岸同步發行後立即引發轟動！隨後發表AI學習系列書籍，包括《All in AI》、《長板效應、彼得原理、AI賺錢術》、《AI智慧之書》、《用AI創造被動收入的100種方法》、《共生之道：人類逆襲AI的生存指南》、《AI創富引擎》，旨在幫助讀者掌握AI技術並應用於實際生活

與工作中，為個人和企業提供新的成長機會。為了鼓勵全民都能導入AI，華文網特別策劃全球華人邁向AI未來的起飛計畫：原價6,320元的四本AI聖經套書，學習價只要2,000元，並贈送價值39,600元兩期四整天的AI實體課程，堪稱史上最超值的知識饗宴，更掀起了一股AI學習熱潮。

*AI學習聖經*

為讓更多華人能快速掌握AI應用技能，賺取多元收入，華文網還推出了多樣化的學習課程，包括實體課程（一年期12梯次24天AI課程，學費優惠為39,800元，與二年期24梯次48天AI課程，學費優惠為69,800元）與AI線上課程（推廣價3,980元）。實體課程採用每月一梯次兩整天的密集式學習模式，課程內容根據AI技術的快速發展隨時更新，確保學員能夠學到最新的AI應用趨勢與實踐方法，進而用AI賺取被動收入，大幅提升個人所得。

參加AI實體課程後的學員表示，不僅提升了自身的技能，還在工作和生活中獲得了顯著的收益。例如，一位鍾姓作家在課堂上學會了用ChatGPT快速寫完自己的第一本書，從構思到成書僅用了短短不到一週時間；另一位王姓學員通過課程中學到的AI技術，製作了自己的數字人，成功在網路上推廣產品，大幅提升品牌曝光度；還有陳姓講師運用AI工具不到半天的時間就快速生成高品質的圖像和簡報檔，在重要演講中脫穎而出，贏得聽眾滿堂喝彩。

如果你也想了解 AI、擁抱 AI，不妨從閱讀相關書籍或報名課程開始。2025～2026年AI班實體課程時間如下，使用通關密碼12008，還能在以下12梯次的課程中，任選一梯次的第一天來免費體驗喔！

AI 實體課程

**2025年**
★ **03/08** (六)～03/09 (日)
★ 04/12 (六)～04/13 (日)
★ 05/10 (六)～05/11 (日)
★ 06/07 (六)～06/08 (日)
★ **07/05** (六)～07/06 (日)
★ 08/02 (六)～8/03 (日)

★ 09/06 (六)～09/07 (日)
★ 10/18 (六)～10/19 (日)
★ **11/01** (六)～11/02 (日)
★ 12/06 (六)～12/07 (日)
**2026年**
★ 01/10 (六)～01/11 (日)
★ 02/ 07(六)～02/08 (日)

**上課地點：中和魔法教室**（新北市中和區中山路二段366巷10號3樓，　環狀線中和站與橋和站中間）。

**3/8、7/5及11/1特別場次上課地點：台北矽谷國際會議中心**（新北市新店區北新路三段223號，新店　大坪林站）。

此外，華文網為回饋熱愛學習的學員，3/8、7/5和11/1在台北矽谷國際會議中心舉辦特別場，推出價值500元至200,000元的好禮福袋全面送（人人有獎），以及百萬獎品大摸彩，包括價值48,000頂級登機行李箱、德國原裝進口飛騰家電價值十數萬元，全台最頂級的碳鋼爐、手工鍋、鈦金屬頂級鍋、伊詩汀頂級保養套組等，讓更多人能以更親民的方式參與這場AI學習盛會。

對於時間有限或無法參加實體課程的學習者，華文網錄製了最夯的AI線上課程，打造最完整的AI立體3D學習模式。AI線上課程透

過案例分析與實作練習，全面提升創造力與變現力。原價
39,800元，推廣價3,980元，加送三堂線上課程：「影片
拍攝製作全攻略」及「27選2線上課程」！

AI 線上課程

　　華文網的成功升級轉型，不僅為自身開創了嶄新的商業模式，更
為眾多面臨相似困境的傳統產業指明了轉進方向。在這個瞬息萬變的時
代，唯有勇於創新、精準把握時代脈動的企業，才能在變局中找到新的
生機。

## 🔍 不懂AI，未來已死！

　　「人間一年，AI一天」，AI的發展速度之快，讓人類幾乎無法跟
上它的腳步。面對這場前所未有的AI變革，個人該如何應對呢？首先，
你必須改變對AI的認知。AI不是敵人，而是最強大的工具。那些能夠
善用AI的人，將獲得「超人」般的能力。例如，一位懂得運用AI的設
計師，其工作效率可能是傳統設計師的十倍以上；一位掌握AI寫作的
作家，可以在保持創作品質的同時，大幅提升創作速度。

　　要在AI時代保持競爭力，關鍵在於建立「AI思維」和掌握「AI應
用能力」。所謂AI思維，就是要理解AI的工作原理和局限性，知道在
什麼場景下使用什麼樣的AI工具，如何將AI整合到自己的工作流程中。
「雲」與「端」是也！

　　以內容創作為例，一名優秀的AI使用者可以使用AI工具協助生成
大綱和初稿、配圖、潤稿並進行事實核查和邏輯優化。這個過程中，人
類的角色是總監和策劃者，而不是具體執行者。這種工作方式可將原本
需要一週完成的工作量壓縮到一天內完成。

　　2025年，AI Agent時代已然來臨，美國科技大廠Salesforce創辦

人班尼沃夫公開表示，將不再聘用新的軟體工程師，而Meta創辦人祖克柏更指出，AI技術的能力已經可以與中階工程師相提並論。這是否意味著，工程師的黃金時代即將結束？事實並非如此悲觀。台灣知名獨角獸Appier創辦人游直翰提出：「未來我們需要的是懂AI的工程師。」AI可以處理結構性資料與重複性任務，但真正有價值的人才，將專注於設計AI架構與解決高層次問題。這也意味著，工程師的角色正在從基礎執行者轉型為策略規劃者。

在職場競爭中，「AI素養」正在成為最重要的軟實力。根據LinkedIn的調查報告指出，超過80%的招聘方在招聘時都將「AI應用能力」列為重要評核項目。一些跨國公司甚至開始要求員工必須通過AI能力認證考試。這種趨勢在未來只會越來越明顯。

然而，僅僅會用AI工具是遠遠不夠的。真正的競爭優勢在於如何創造性地運用AI。例如，有設計師將AI生成的圖像與傳統手繪技法結合，創造出獨特的藝術風格；有教師將AI助手整合到課堂教學中，大大提升了教學效果；有企業家利用AI分析市場數據，發現了傳統方法難以察覺的商機。

更重要的是，我們必須認識到，AI時代最稀缺的反而是人類特有的能力：同理心、創造力、判斷力、領導力等。這些「軟技能」將變得比「硬技能」更加珍貴。因為AI再強大，也無法真正理解人類的情感需求，無法做出涉及道德和價值判斷的決策。

面對AI浪潮，恐懼和抵觸都是沒有意義的。正確的態度應該是擁抱變化，主動適應。那些在AI時代取得成功的人，往往具有以下特徵：

☑ **持續學習的習慣**：他們隨時都在更新自己，每天都會花時間學習新的AI工具和應用方法。

☑ **開放的心態：**願意嘗試新事物，不固守傳統工作方式。

☑ **跨界思考：**能夠將不同領域的知識結合，創造新的價值。

☑ **強大的執行力：**知道如何將AI工具轉化為實際生產力。

☑ **良好的溝通能力：**能夠與他人有效協作，組建高效的人機協作團隊。

AI的時代已經到來，未來屬於那些懂得掌控AI的人，千萬不要等到被AI取代時，才在後悔今天的猶豫。華文網出版集團的成功轉型為我們提供了一個絕佳的範例。面對AI時代，我們可以學習AI工具的基本操作，參與相關技能培訓，並在工作中嘗試將AI融入日常流程，利用AI提升工作效率，增加收入。AI不是威脅，而是機會，只要抓住這個機會，你就能成為AI時代的新贏家！